世界の言語シリーズ **18**

# 台湾華語

林 初梅・吉田真悟

大阪大学出版会

# はじめに

　本書は台湾華語中級レベルの教科書であり、同時に多言語社会台湾へアプローチするための入門書でもある。言語社会学と社会言語学の両方の視点から執筆した本書は、台湾人の歴史、アイデンティティ、言語などが取り上げられ、30 のトピックで構成されている。このような形で世に問うことができるのは、所属先の大阪大学大学院言語文化研究科のおかげである。サポートしてくださった皆さんにお礼を申し上げたい。ここでまず本書の企画と編集の経緯を記しておきたい。

　一橋大学大学院言語社会研究科を修了した私は、在学中から現在に至るまで、歴史、言語、アイデンティティの関わりについて関心を持って研究してきている。共著者の吉田真悟（大阪大学言語文化研究科招聘研究員・非常勤講師）も同研究科の出身であり、2021 年 3 月に博士号を取得している。専門が近いということもあり、日本の中国語教育に携わっている私たちは、多言語社会である台湾をフィールドとして研究しながら、日本における中国語教科書の在り方について日々考えている。

　そこで、言語習得と同時に台湾の歴史や文化も学べる教材があれば、授業での議論も深まるのではないかという思いから、本書の刊行を企画した。当初、書名を『多言語社会台湾への 30 の扉』とし、単独の図書として刊行することを予定していたが、大阪大学外国語学部の「世界の言語シリーズ」の一冊として出版することになり、同シリーズには言語名を書名にするという慣例があった。そのため、従来の体裁に合わせて『台湾華語』と題することになった。あえて『台湾華語』と題したのは、イギリス英語、アメリカ英語、カナダ英語のように、中国語は中国の普通話だけではなく、規範化されているもう一つの中国語も存在することを読者に伝えたいと考えているからである。「台湾華語」という表現は元々外国人学習者向けの用語であり、近年台湾国内でも使用頻度が高くなってきているが、まだ定着していない。定着を期待する私自身の思いを込めて『台湾華語』と題した次第である。

　ここでさらに本書と一般の語学学習書との相違点についても述べておきたい。

まず、日本で刊行されている数少ない台湾華語中級教科書という点である。近年、台湾の繁体字が使用されている初級の華語教科書はいくつか出版されているが、中級編になると皆無に近い。

　第二に、普通の読み物として読んでいただくことも可能という点である。台湾の歴史や言語事情は複雑で、多くの外国人にとって分かりにくいことも多い。例えば、オリンピックに出場するとき、なぜ「中華台北」という名前で参加するのか。そして東京大会の開会式でNHKのアナウンサーに「台湾です」と紹介されただけで、なぜ台湾中が湧きたち、人々が喜んでいたのか。言語社会学と社会言語学の視点を通して、台湾の歴史と現在を学生たちに届けられたらと思い、30トピックの文章を書き上げた。言い換えれば、学術図書より分かりやすく読者に理解していただくことも、本書の狙いである。論述が物足りない箇所もあるかと思うが、より深い理解を得るための第一歩になればと考えている。

　第三に、各レッスンの冒頭に執筆者の名前が掲載されているという点である。台湾人の視点と日本人の視点を明示したいという考えだけではなく、各レッスンの内容は執筆者自身の体験や研究調査の成果の一部でもあるからである。

　第四に「大学生の声」というコーナーについてである。2020年度の一年間を通して「多文化社会台湾の言語事情」という授業で使用してみたところ、学生から大変面白いコメントや質問をもらい、彼らの意見を得ながら、このコーナーを設けた。それらを通して、台湾人以外の目線からの素朴な疑問を知ることができ、授業での議論も深まると感じた。ここに意見や感想をくれた大阪大学外国語学部の学生の名前を記して、お礼を申し上げる。

　　小幡明日香、川端純奈、岸田紗耶、小林晴都、武田庸平、谷俊作、塚本真夢、中山綾乃、星野泰代、宮崎美凪、宮本愛里、森沢未希、案浦純、竹内昂平、谷貝優樹、今井絵莉香、渡邊紗弥、陳向禾（国立成功大学からの交換留学生）

　このように、30トピックの文章で構成されている本書には、少なくとも二つの意味があると考えられる。まず、台湾の言語事情と中国語を勉強したい

日本人に使用していただくことである。もう一つは、日本語を学習したい台湾人にとっても、各トピックにある「大学生の声」や別冊の「日本語訳」と「解答例」を通して、日本語の文章を読むことができ、台湾に対する外国人の素朴な疑問を知る機会が得られることである。

　続いて執筆・編集についての説明も行いたい。

　本文の執筆言語は台湾で使用されている中国語――「台湾華語」である。共著者の吉田真悟は中国語が堪能であり、当初は中国語で執筆してもらうつもりだったが、文体の全体的整合性を保つため、日本語で執筆してもらうこととし、私が中国語に訳して、後に相互に確認し合うという手順を採った。単語表と文法解説と別冊の日本語訳に関しては吉田が作成し、共同で確認するという流れで編集を行った。単語表については原則として、以下のようなルールで編集したことも説明しておきたい。

（1）発音の採択について

　注音字母の表記は、以下の台湾教育部のウェブ辞書を参照し、それに依拠している。

　①教育部重編国語辞典修訂本（以下、重編版）

　②教育部国語辞典簡編本（以下、簡編版）

　両者に違いがある場合は、台湾人の発音に鑑みて、より多く使用されているほうを採用した。具体例をあげて説明してみよう。

　例1：第17課単語表「占　便　宜」の「宜」について

　　　重編版は軽声、簡編版は第2声となっており、ずれが存在する。この場合、本書が採用しているのは簡編版の第2声である。実際の台湾人の発音とのギャップが少ないからである。

　例2：第29課単語表「大　方」の「方」について

　　　重編版は軽声、簡編版は第1声となっており、やはり異同がある。この場合も、第1声を使用する台湾人が圧倒的に多いので、簡編版の第1声を採用している。

（2）発音の表記について

　単語表には注音字母と漢語ピンインの両方を載せた。まず、台湾で一般

的に用いられる注音字母をルビとして振り、そして漢語ピンインに慣れている読者のために漢語ピンインも掲載した。さらに中国の普通話と発音が違う単語の場合は、（中：○○）のように明記した。一例をあげてみよう。

　　例3：第14課単語表「凸ᵗᵘ顯ˣⁱᵃⁿ」

　　　　台湾の標準発音は凸ᵗᵘ顯ˣⁱᵃⁿであるため、漢語ピンインをtúxiǎnと表記した。中国の普通話との違いがあるため（中：tūxiǎn）とも明記した。中は「中国」の略である。

　なお、本文中に台湾語がある場合、その発音は「台湾閩南語羅馬字拼音方案」（2006年教育部公告、「台羅」と略称）の「伝統版」を用いて表記した。例えば、第5課の「茂伯仔」は「Bō-peh-á」と表記した。

　編集に関しては以上であるが、ここでもう一つ、台湾の注音字母の入力についても記しておきたい。ㄅㄆㄇㄈ表記は、日本のワードには入っていないため、どのようにしてルビとして入力できるか、かなり悩んだ。そこで日本で華語教科書を出版した経験のある楽大維氏（拓殖大学非常勤講師）にご相談したところ、入力方法を提供していただいた。この場を借りてお礼を申し上げる。

　写真の入手経路についても触れておきたい。コロナ禍の中、渡台ができず、友人に依頼して入手した写真が多い。ここで協力してくださった台湾の友人——陳柔縉（作家）、王耀德（私立嘉南薬理大学助理教授）、黄紹恒（国立陽明交通大学教授）、何義麟（国立台北教育大学教授）、荘佳穎（国立台湾師範大学副教授）、李春芳（新北市大豊小学校校長）各氏にお礼を申し上げる。また、映像と写真の使用を許可して下さった出版社とテレビ局（康軒文教事業、允晨出版社、民視テレビ局、李江卻台語文教基金会）にも感謝の意を表したい。

　そして本書の公刊には、以下の方々からもご指導・ご支援をいただいた。社会言語学の専門用語と台湾原住民の借用語研究については、許慧如氏（国立台湾師範大学教授）と王雅萍氏（国立政治大学副教授）から多くの知見をいただいた。語学教科書のレイアウトに関しては古川裕氏（大阪大学教授）、郭修静氏（大阪大学特任講師）からご助言をいただいた。録音に関しては並

川嘉文氏（大阪大学外国語学部非常勤講師）と張瑜庭氏（大阪大学言語文化研究科博士課程院生）にご協力をいただいた。各氏にも感謝の意を表したい。

　最後に本書の出版を引き受けてくださった大阪大学出版会にもお礼を申し上げる。「世界の言語シリーズ」の一冊として刊行でき、大変嬉しく思っている。レイアウトに関して注文の多い私のわがままを聞いてくださった、編集部の川上展代さんと板東詩おりさんには、とくに感謝している。良き環境に恵まれて感謝の気持ちでいっぱいである。


林　初梅

# 音声を聞くには

 の付いた箇所は音声を聞くことができます。

① ウェブブラウザ上で聞く

音声再生用 URL

http://el.minoh.osaka-u.ac.jp/books/SekainogengoShiriizu18_Taiwankago/

② ダウンロードして聞く

ウェブブラウザ上以外で音声ファイルを再生したい場合は、
下記のURLから音声ファイルをダウンロードしてください。

ダウンロード用 URL

http://el.minoh.osaka-u.ac.jp/books/SekainogengoShiriizu18_Taiwankago/j478v2mujyhkmcx2/

ナレーション：張瑜庭（大阪大学大学院言語文化研究科博士課程）

# 目　次

世界の言語シリーズ　18

# 台湾華語

# 第一の扉

## 台湾人の歴史、言語、アイデンティティ

# 1 社会言語学研究の宝庫──フォルモサ・台湾

社會語言學研究的寶庫──福爾摩沙・台灣

文／林　初梅

01　　　　台灣，又稱福爾摩沙，雖是蕞爾小島，卻有本土的四大族群

（原住民、閩南人、客家人、外省人）及新增的第五族群（新住

民）居住於此，不同族群的語言文化形塑台灣社會的多樣性。台

灣可說是社會語言學研究的寶庫，而複雜的語言環境源於複雜的

歷史背景，台灣史大致區分如下：

（1）史前時代

（2）原住民社會

（3）國際競爭時期（1624〜1662 年）

　　　荷蘭佔領台灣南部時期（1624〜1662 年）、西班牙佔領台灣

北部時期（1626〜1642 年）

（4）鄭氏治台時期（1662〜1683 年）

（5）清朝統治時期（1683〜1895 年）

（6）日本統治時期（1895～1945 年）

（7）當代台灣：中華民國時期（1945 年～現在）

　　17 世紀以前的台灣，是原住民社會，但原住民何時開始棲息於此，則無史可考。根據文獻記載，首度發現台灣的是葡萄牙水手，16 世紀他們航海經過此地，看到這個小島，驚呼「Ilha Formosa（美麗島）！」從此，「福爾摩沙」成了台灣的代名詞，不僅歐美學者、探險家如此稱呼台灣，在台灣，這個名詞至今仍被沿用，不少書籍也以此命名。

圖1　以福爾摩沙命名的著作

17 世紀以後是國際競爭時期，荷蘭和西班牙曾分別佔領台灣南部及台灣北部。而這個時期也是漢人首度大量移居台灣的時期。荷蘭為達統治目的，從中國東南沿海地區，帶了不少漢人來台開墾，使得漢人人口大幅增加。第二次漢人大量移居台灣，則是鄭氏家族統治時期。1662 年鄭成功打敗荷蘭，台灣進入鄭氏治台時期，時間雖不長，但同樣出現大批漢人來台開墾的情況。兩次漢民族的大規模移居，奠定了台灣漢人社會文化的基礎。

　　這些漢人大多來自中國東南沿海，但原籍地不同，使用的語言也不同，因此有閩南人（口音不同又分漳州腔及泉州腔，但彼此可以互通）及客家人之分。南島語系原住民族、閩南語系漢民族、客家語系漢民族等三大族群共存的社會結構因此成型，這同時也是今日台灣多元文化的雛形。

　　17 世紀末，台灣進入清朝統治時期。清朝曾一度頒布渡台禁令，只允許持有許可證的單身男子渡海來台。但移民者依然絡繹不絕，他們從中國帶來了原鄉的語言、文化，並與原住民女子通婚，這個現象造成居住於平地的台灣原住民逐漸漢化。

　　1895 年起，台灣進入日本統治時期，不少台灣人在學校接受國語教育——即日語教育，這是台灣人首次接觸到「國語」的概念，而日語也成了台灣不同族群之間的共通語言，很多台灣人因此具備母語和日語的雙語能力。

　　1945 年日本戰敗，中華民國接收台灣，大批的中國人自中國移居台灣，這是漢民族第三次大舉遷台的時期。特別是 1949 年國民黨政府遷台以後，來台的人更多，據說達 120 萬人，他們就是一般所稱的外省人，相對於此，閩南、客家兩大族群則被合稱為本省人。當時的外省人來自中國各地，他們使用中文或中國各地的方言，與只會說日語及台灣本土語言的本省人、原住民之間溝通困難。

　　此一時期，台灣又開始實施國語教育，但改為中文教育，這是台灣人的第二個「國語」經驗。戰後出生的世代，因為學校教育普及，大多具備母語和中文的雙語能力，但也由於母語文化受到打壓，年輕世代的母語能力逐漸下滑。

　　1995 年社會語言學家黃宣範曾對四大族群之人口比例，提出

了以下的統計數據，即原住民 1.7％、閩南人 73.3％、客家人

12％、外省人 13％。近年來，東南亞外籍配偶人數激增，他們為

台灣注入更多樣的語言文化，由於人數可觀，這些從外國移居台

灣的新住民（又稱新移民），被統稱為第五族群。


**参考資料**

• 呉密察監修／遠流台湾館編著／横澤泰夫編訳（2007）『台湾史小事典』福岡：中国書店。
• 周婉窈（2013）『図説台湾の歴史　増補版』東京：平凡社。
• 黄宣範（1995）『語言、社会与族群』台北：文鶴出版。

**単語表**

| 単語＋注音符号 | 漢語拼音 | 日本語訳 |
|---|---|---|
| 福爾摩沙 | Fú'ěrmóshā | フォルモサ（台湾の美称） |
| 蕞爾 | zuǐěr | （地域が）小さい、狭い |
| 本土 | běntǔ | その土地固有の、土着の（この文脈では、離島等に対する「本土」とは意味が異なるので注意） |
| 族群 | zúqún | エスニックグループ、族群 |
| 形塑 | xíngsù | 形作る |
| 棲息 | qīxí（中：qīxī） | 棲息／生息する、居住する（人にも用いる） |

| ～和… | ～ hé (hàn とも、中：hé）… | ［接続詞］～と… |
|---|---|---|
| 分別 | fēnbié | ［副詞］それぞれ、別々に、手分けして |
| 打敗 | dǎbài | （他動詞として）打ち負かす、（自動詞として）負ける |
| 奠定 | diàndìng | 定める、固める、打ち立てる |
| 口音 | kǒuyīn | 訛り、発音の癖 |
| ～腔 | ～ qiāng | ～訛り、～弁 |
| 允許 | yǔnxǔ | 許す、許可する |
| 絡繹不絕 | luòyì bù jué | 絡繹として絶えない、往来が頻繁である |
| 首次 | shǒucì | 第一回、初めて（の） |
| 雙語 | shuāngyǔ | 二言語、バイリンガル（の） |
| 據說～ | jùshuō ～ | 聞く所によれば～だそうだ |
| 下滑 | xiàhuá | （成績や数値等が）下降する |
| 提出 | tíchū | （意見や要求等抽象的なものを）提起する、打ち出す（具体的な物の提出には「提交」等を用いる） |
| 可觀 | kěguān | 見るべきものがある、相当なものである |

# 文法解説

## (1)（〜）使得＋A [名詞]＋B [動詞]

　前で述べたことが原因となって、「（〜によって）AがBとなる」という意味を表す。「由於〜」（次項参照）と呼応して用いられることもある。

〔課文〕荷蘭為達統治目的，從中國東南沿海地區，帶了不少漢人來台開墾，**使得漢人人口增加**。
　→オランダは統治の目的を達するために、中国東南部の沿海地区から、沢山の漢人を開墾に連れて来て、それにより漢人人口が増加した。

〔作例〕由於疫情惡化，**使得海外觀光客大幅減少**。
　→感染状況が悪化したことで、海外からの観光客は大幅に減少した。

## (2)**由於 〜，…**

　多く書き言葉に用いて「〜なので／だから、…」という原因・理由を表し、「因為」とほぼ同じ。後半の文の前に「因此」や「因而」が呼応して用いられることもある（「因為」はこれらの語とは呼応しない）。

〔課文〕但也**由於母語文化受到打壓**，年輕世代的母語能力逐漸下滑。
　→しかし母語文化は弾圧を受けたため、若い世代の母語能力は次第に低下してきてもいる。

〔課文〕**由於人數可觀**，這些從外國移居台灣的新住民（又稱新移民），被統稱為第五族群。
　→相当な人数に上ることから、これらの外国から台湾に移住した新住民（新移民とも）は、5番目の族群と総称されている。

〔作例〕**由於現在經濟不景氣**，因而工作很難找。
　→今は経済が不景気なので、仕事を見つけるのは難しい。

現代台湾の多言語環境の背景には確かに複雑な歴史があります。ではなぜそん
なにも歴史が複雑なのかと考えた時、最大の原因は台湾がずっと外来勢力に支配
されてきたことにあるのだと思います。私はこの文章を通して、台湾がかつてオ
ランダやスペインの統治を受けたこと、閩南人や客家人、原住民にそれぞれ異な
る言語があり、台湾人の言語文化がそもそもとても複雑であること、更に1895年
に日本統治期に入ると、台湾人は日本語教育を受けるようになり、1945年に今度
は国民党に接収され、中国語の学習を始めたことを知りました。ここで2つの疑
問が浮かびました。まず、日本統治期に国語教育が実施された時にも、台湾人の
母語能力への影響があったのでしょうか？　また、言語の違いが台湾の各族群を
識別する際には重要なようですが、他に服装や食文化等も、族群を識別する材料
になり得るのでしょうか？

## 討論のタネ

1．台湾と日本（又は自国）の例を比較しつつ、社会の歴史と言語状況の間に
　どのような関係があるか考えてみよう。

2．植民統治による国語政策が、人々の日常生活にどのような変化をもたらし
　たか、想像してみよう。

# 19 世紀台湾の言語・文字世界
## 19 世紀台灣語言・文字的世界

文／林　初梅

候孝賢執導的電影《戲夢人生》（1993）中，台灣人用閩南語吟詩（「楓橋夜泊」）的一幕令人印象深刻，這一幕是布袋戲國寶級大師李天祿（1910～1998）幼時的回憶。當時已經進入日本統治時期，台灣人開始接受日語教育，但仍有部分學童在私塾學習漢文，電影中，19 世紀台灣所殘留的語言、文字景象清晰可見。

1895 年以前，台灣仍是清國統治時期，有閩南、客家、原住民三個族群。語言概分為（1）漢語系的閩南語及客語、（2）南島語系的原住民語，文字則有漢字和羅馬字的文獻史料流傳下來。

由中國東南沿海地區移居台灣的閩南人及客家人，同是漢人，卻是語言文化不同的兩個族群。一般人對這段歷史的認知是：閩南人先到台灣，因此居住地多屬平原，客家人稍後才到，只能選擇土地較為貧瘠的地方居住，兩者間為爭水源，經常發生

分類械鬥。

闽南人說闽南語，又稱台灣話或台語，其人口多，居住地分布較廣，占了整個台灣西部平原大部分的地區，但因原鄉口音不同，而有泉州腔及漳州腔之別，例如「魚」有 hû（泉）和 hî（漳）兩種口音，「火」有 hé（泉）和 hué（漳）兩種口音。客家人則多分布於桃竹苗、高屏、花東一帶，客家話也有幾種不同的次方言，比較占優勢的是四縣腔、海陸腔，彼此溝通無礙，但口音差異不小。

漢人和南島語系原住民之間的交流，也存在語言上的障礙，而且差異更大。原住民又分居住山區的高山族及平地的平埔族，高山族與平埔族各自再分成好幾個民族，分別擁有不同的語言文化，其複雜性自不待言。

至於文字，一般認為19世紀的台灣是漢字文化的世界，但僅限於漢民族知識階層。特別是為求取功名的知識分子，以參加科舉考試為目標，自幼上私塾、學習漢文，受漢文化的影響也就特別深。閩、客籍知識分子的語言雖然不同，但讀寫的漢文文體相

圖 1　台南東門巴克禮紀念教會（攝於 2021 年）

圖 2　教會大門上採白話字表記（攝於 2021 年）

同，漢文是彼此互通的橋樑。惟漢文朗讀以各自的母語進行，所以是一個同「文」不同「語」的世界。

　　沒有文字，是一般人對原住民語的認知，但 19 世紀的台灣也

有羅馬字的史料，例如漢人和原住民所定的土地契約書就是其中之一。此外，西方傳教士來台，也以羅馬字記錄原住民的語言，當時的原住民語聖經就是以羅馬字書寫的。

　　多數閩客籍漢人，其實也與漢文教育無緣，但在西洋傳教士傳福音的影響下，少部分的台灣人，學會了以羅馬字書寫台語，這就是現今所稱的「白話字」。有別於漢文的是，白話字記錄的是一般庶民的生活語言，所以「言」「文」一致。1885 年英國籍牧師巴克禮在台南創刊發行的《台灣府城教會報》，就是以白話字呈現的刊物，這也是了解當時台灣社會的重要史料之一。這份報紙後來在 1932 年改稱《台灣教會公報》，二戰期間曾有一段時間被迫停刊，戰後雖然得以復刊，1970 年以後，又因國民黨政府的打壓而改用中文發行。

**參考資料**

• 村上直次郎（1933）『新港文書』台北：台北帝國大學文政學部。
• 台湾教会公報社編（2005）『台湾教会公報全覧（1885〜2002）』（全 80 冊）人光出版社。

| 単語＋注音符号 | 漢語拼音 | 日本語訳 |
|---|---|---|
| 深ㄕㄣ刻ㄎㄜ | shēnkè | （印象等が）深い、心に深く刻まれる（日本語の「深刻」には「厳重」等を用いる） |
| 景ㄐㄧㄥ象ㄒㄧㄤ | jǐngxiàng | 光景、ありさま |
| 清ㄑㄧㄥ晰ㄒㄧ | qīngxī | （音や形が）はっきりしている |
| ～段ㄉㄨㄢ | ～ duàn | ［量詞］（一定の距離や時間、物事の区切り等を数える） |
| 較ㄐㄧㄠ為ㄨㄟ～ | jiàowéi ～ | ［副詞］比較的～である |
| 分ㄈㄣ類ㄌㄟ械ㄒㄧㄝ鬥ㄉㄡ | fēnlèi xièdòu | 分類械闘（清朝時代の台湾で発生した族群間の抗争） |
| 占ㄓㄢ優ㄧㄡ勢ㄕ | zhàn yōushì | 優位を占める |
| 溝ㄍㄡ通ㄊㄨㄥ | gōutōng | コミュニケーション、意志疎通 |
| 平ㄆㄧㄥ埔ㄆㄨ族ㄗㄨ | píngpǔzú | 平埔族（台湾原住民の内、平地に住み早くから漢化した人々の総称） |
| 擁ㄩㄥ有ㄧㄡ | yǒngyǒu（中：yōngyǒu） | （財産等を）擁する |
| 自ㄗ不ㄅㄨ待ㄉㄞ言ㄧㄢ | zì bú dài yán | 言うまでもない、言を俟たない |
| 至ㄓ於ㄩ～ | zhìyú ～ | ［介詞］～に至っては、～については |
| 功ㄍㄨㄥ名ㄇㄧㄥ | gōngmíng | 功名、手柄と名声 |
| 科ㄎㄜ舉ㄐㄩ | kējǔ | 科挙（隋～清代の中国や周辺国で行われた官吏登用試験） |
| 惟ㄨㄟ | wéi | ［接続詞］（書き言葉で）ただ、しかし |
| 傳ㄔㄨㄢ教ㄐㄧㄠ士ㄕ | chuánjiàoshì | 宣教師、伝道師 |
| 白ㄅㄞ話ㄏㄨㄚ | báihuà | 白話、口語 |

| | | |
|---|---|---|
| 呈<sub>ㄓ</sub>現<sub>ㄒㄢ</sub> | chéngxiàn | 現れる、現す、呈する |
| ～份<sub>ㄈㄥ</sub> | ～ fèn | ［量詞］～部（新聞や書類等揃いになった物を数える） |
| 打<sub>ㄉㄚ</sub>壓<sub>ㄧㄚ</sub> | dǎyā | 弾圧する、圧力を加え妨害する |

## 文法解説

### (1) 所＋A［動詞］＋的＋B［名詞］

　「Aする／される（所の）B」という名詞句を作る。多く書き言葉に用い、「所」がなくても意味は変わらない場合もある。

〔課文〕19世紀台灣**所**殘留**的**語言、文字景象
　→ 19世紀の台湾に残された言語と文字の光景

〔課文〕漢人和原住民**所**定**的**土地契約書
　→漢人と原住民が結んだ土地契約書

### (2) （〜）A［主語］＋則＋B［述語］

　他のものや前の内容と対比させて、「（〜なのに対して）AはBである」という意味を表す。

〔課文〕語言概分為〜，文字**則**有漢字和羅馬字的文獻史料流傳下來。
　→言語は大まかに〜に分かれ、一方で文字には、漢字とローマ字の文献史料が伝わっている。

〔課文〕閩南人〜。客家人**則**多分布於桃竹苗、高屏、花東一帶
　→閩南人は〜。一方で客家人は多く桃竹苗（桃園・新竹・苗栗）、高屏（高雄・屏東）、花東（花蓮・台東）の一帯に居住し

**大学生の声**

　私は以前に、清朝において西洋から来た宣教師が西洋の画法や建築法を導入し、暦の改訂にも貢献したことを学びました。今回この文章を読んで、西洋の宣教師が台湾の言語にも多くの影響を与えたことが分かりました。当時漢文教育とは無縁だった庶民がローマ字で台湾語を書くことを学んだというのは、とても興味深いです。けれどこの文章によると、白話字を使って書かれた『台湾教会公報』は1970年から政府の弾圧を受けて、一時期中国語で発行されるようになったということでした。もしそうしたことがなければ、現在台湾で使われる文字はもしかすると繁体字ではなくて、ローマ字だったかもしれません。もし今でもローマ字を採用していたら、台湾はひょっとすると韓国やベトナムのように、中国とは全く別の文化を持った社会になっていたのではないでしょうか。

# 討論のタネ

1．19世紀とそれ以降の台湾の言語状況を比べた時、どのような点が異なるだろうか。

2．同時代の日本（又は自国）の言語状況はどのようなものだっただろうか。

# MEMO

## 3 台湾人の言語とアイデンティティ、この百年
### 百年來台灣人的語言與認同

文／林　初梅

　　前總統李登輝（1923～2020）出生於日本統治時代，日本名叫岩里政男，曾公開說過 22 歲以前是日本人，其一生的語言體驗，是近百年來台灣社會的寫照。

　　1895 年台灣進入日本統治時期，除了原有的閩南、客家、原住民三大族群，還有日本人，其人口比例可由 1905 年台灣總督府所進行的常用語使用狀況調查得知。當時，閩南語被稱為福建語，客家話被稱為廣東語，人口約 300 萬的台灣，福建語常用者占 84.49％，廣東語常用者占 12.01％，原住民語常用者占 1.42％，日語常用者占 1.9％。

　　李登輝使用閩南語，他的父祖輩可能被歸類到福建語常用者的部分。但他的「福佬客」身分，曾經蔚為話題。所謂福佬客，意指隱性的客家人，雖是客家人，但因居住地閩南人居多，長年

使用閩南語的結果，讓他們以閩南族群自居。客家人有句俗諺「寧賣祖宗田，勿忘祖宗言」，從這句話可以看出客家人對於語言消失後，族群認同產生改變的焦慮。

日本統治時期的學校教育普及，不少台灣人因此學會了日語。閩南、客家、原住民之間，透過日語，有了共通的語言，得以跨越族群的藩籬進行溝通。有人說台灣意識的萌芽，是從此時開始的。

李登輝是高學歷的台籍菁英，台北高等學校（即現今的台灣師範大學）畢業後，赴京都大學求學，是受完整日語教育的世代，日語程度自不在話下，甚至超越母語能力。這樣的世代，在1945年中華民國

圖1　台灣師範大學校內的展示空間

政府接收台灣後，面臨了語言轉換的困境。「國語」由日語變成中文，其焦慮可想而知，許多日本統治時代嶄露頭角的作家，戰後一段時間幾乎喪失創作的動力。

此外，國民黨政府不只推行國語（中文）運動，還禁用日語、打壓母語，為的是要改變台灣人的認同，以達成其「反攻大陸」的目的。在學校教育的影響下，出現了「我是中國人」的世代，這與前述日本語世代的語言、認同，產生強烈的對比。

日本語世代的台灣人，戰後也積極學習中文，但並不容易。他們和子女交談時，多用母語。但母語被打壓，有很長一段時間，台灣人在學校說母語會受到處罰，不少現今 5、60 歲以上的台灣人，都有過掛狗牌或被罰錢的經驗。

母語文化被打壓的現象，直到 1990 年代才出現轉機。台灣人開始反省，生在台灣，為何只能學習中文及中國史？台灣意識的崛起，帶動了教育內容的改革，這使得 2000 年以後台灣歷史及語言文化之教學內容大幅增加。

只是，母語能力一旦喪失，就很難恢復。如今，中文成了台

灣社會的主流語言，許多年輕世代的母語能力式微。憂心的是，當母語逐漸消失，僅存中文時，台灣人的身分認同是否出現危機？這個可能性是存在的。不過，令人感到欣慰的是，部分台灣人對繁體字、注音符號、台灣色彩語彙的執著，說明了也有人正試圖透過台灣華語的特色建構自己的身分認同。

**参考資料**

• 臨時臺灣戶口調查部編（1908）『明治三十八年臨時臺灣戶口調查結果表』台北：臨時臺灣戶口調查部。
• 田中克彦（1981）『ことばと国家』東京：岩波書店。

**単語表**

| 単語＋注音符号 | 漢語拼音 | 日本語訳 |
|---|---|---|
| 總統 | zǒngtǒng | 総統、大統領 |
| 寫照 | xiězhào | 描写、反映 |
| 福佬 | Fúlǎo | 福佬（ホーロー）、台湾の閩南（福建）系の人々（第25課参照） |
| 蔚為～ | wèiwéi ～ | 盛んで～となる |
| 以～自居 | yǐ ～zìjū | ～を自任する、～を気取る（良くない意味で用いられることが多い） |

| | | |
|---|---|---|
| 寧～ | níng<br>（中：nìng）～ | ［接続詞］（何かと比較して）寧ろ～の方がましである、いっそ～した方がよい（話し言葉の「寧可」や「寧願」に同じ） |
| 勿～ | wù ～ | ［副詞］～するな（話し言葉の「不要」や「別」に同じ） |
| 祖宗 | zǔzōng | 一族の祖先、先祖 |
| 藩籬 | fánlí（中：fānlí） | 垣根、まがき |
| 菁英 | jīngyīng | 傑出した人物、傑物、エリート（「精鋭」と意味は似ているが、異なる語なので注意） |
| 求學 | qiúxué | 学校で勉強する、学問を探究する |
| 完整 | wánzhěng | 完全で整っている、欠けた所がない、完璧である |
| 不在話下 | bú zài huà xià | 言うまでもない、問題にならない |
| 可想而知 | kě xiǎng ér zhī | 推して知るべし、考えれば分かる |
| 嶄露頭角 | zhǎn lù<br>（俗に「lòu」とも）tóu jiǎo | 頭角を現す |
| 掛狗牌 | guà gǒupái | 「方言札」を掛ける（下記「方言札について」参照） |
| 帶動 | dàidòng | （他のものの力で）動かす、率先し引っ張る |
| 恢復 | huīfù | 回復する（「回復」は日本語とやや異なり、「返事をする」や「元に戻す」といった意味で使われる） |
| 式微 | shìwéi<br>（中：shìwēi） | （国家や名家等が）衰退する、衰微する |
| 建構 | jiàngòu | 創建する、構築する |

※「方言札」について

学校で、方言（国語や標準語以外の言語）を話した子供に罰として首から掛けさせる札、又はその制度を指す（他に話した子を見つけると、その札を渡すことができる）。日本では標準語教育の一環として沖縄県等で行われて「方言札」と呼ばれ、台湾ではこれを掛けることを指して俗に「掛狗牌」といった。同様の制度はヨーロッパをはじめとして世界中で見られる（田中 1981：118-121）。

# 文法解説

## （1） ～，為的是 …

前で述べた内容の目的を説明し、「～なのは、…のためである」の意。

〔課文〕此外，國民黨政府不只推行國語（中文）運動，還禁用日語、打壓母語，**為的是**要改變台灣人的認同，以達成其「反攻大陸」的目的。
　→この他にも、国民党政府は国語（中国語）運動を推進するだけでなく、日本語を禁じて、母語を弾圧したが、それは台湾人のアイデンティティを変えることによって、自らの「大陸反攻」という目的を達するためであった。

〔作例〕老師上課時都不用日文，**為的是**要讓學生習慣聽中文。
　→先生が授業中日本語を全く使わないのは、学生を中国語（を聞くの）に慣れさせたいがためである。

## （2） 直到 ～ （才）…

「直到～」は「～になるまで（ずっと）」の意味だが、後ろの文に「才」が入っている場合、日本語訳としては「～になって初めて／ようやく…」となる。

〔課文〕母語文化被打壓的現象，**直到** 1990 年代**才**出現轉機。
　→母語文化が弾圧される状況には、1990 年代になってようやく転機が訪れた。

〔作例〕**直到最後他都沒改變自己的想法。**

　→最後までずっと彼は自分の考え方を変えなかった。

　中華民国が台湾を接収して以来、政府の心はずっと大陸にあって、1990年代になってやっと台湾を重視するようになりましたが、台湾人が以前のような言語能力を取り戻すには、まだ時間が必要なようです。私が一番印象深かったのは、「許多日本統治時代嶄露頭角的作家，戦後一段時間幾乎喪失創作的動力」という部分です。この言葉から、言語の転換は生活の中で話す言葉を変えるだけでなく、文学活動が続けられるか否かにも関わるのだということを意識しました。他にも、私は日本時代の日本語教育はそれほど普及しておらず、台湾人の日本語能力もそんなに高くなかったと思っていたので、「日語程度自不在話下，甚至超越母語能力」という部分も印象に残りました。こうした現象は李登輝のような高学歴のエリートに限ったことだったのでしょうか？ それとも当時の台湾人は皆流暢な日本語を話していたのでしょうか？

## 討論のタネ

1．自身の経験の中で、言葉とアイデンティティの関わりを示すような例はあるだろうか。

2．これまでに、自身の母語やその文化が抑圧されていると感じた経験はあるだろうか。

# MEMO

# 4 天然独世代と「郷土」としての台湾

## 天然獨世代與「鄉土」台灣

文／林　初梅

**04** 　　天然獨世代，指的是天生具備台灣獨立意識的年輕世代。他們的「獨」從何而來，我認為與其說是與生俱來，不如說是學校教育的產物。

　　有兩件事，記憶特別鮮明。

　　1993 年，一名台北市議員在議會質詢時，對在場的 262 名校長，提出兩個問題，第一道題是長江流經中國哪些省分，第二道題是台灣北部淡水河的源流有哪些。第一道題，所有的人都答對了，第二道題，卻沒人答得出來。同一時期，日本交流協會所舉行的留日獎學金考試，也出現過台灣河川的考題。考題讓考生由北到南排列河川的順序，結果幾乎全軍覆沒。兩個現象，皆反映出上一世代台灣人所受的教育是看不到「台灣」的。

　　這樣的現象，讓台灣人對學校教育進行反思，也促使 1990 年

代的教學內容出現轉機。部分小學在課後輔導時間推動母語教育，中小學課程也增加了三個科目：(1) 小學中、高年級的「鄉土教學活動」、(2) 中學一年級的「鄉土藝術活動」、(3) 中學一年級社會科的「認識台灣」（歷史篇、地理篇、社會篇）。

當時，這些科目被統稱為鄉土教育，最大的特徵是具備同心圓的學習架構，即「鄉土→台灣→中華民國→世界」，台灣人好不容易有了學習台灣語言文化與歷史的機會。然而，這個同心圓架構卻因鄉土定義的模稜兩可，而出現了不同的主張——中華民國

圖1 《認識台灣》教科書

派所持的鄉土觀是「鄉土（包含台灣）→中國→世界」，台灣本土派的鄉土觀則是「鄉土→台灣→世界（包含中國）」，兩者之間，說是國家認同之爭也不為過。

因此，台灣史究竟是國史還是鄉土史？論者各自表述，沒有定論。定義模糊的鄉土觀成了當時台灣鄉土教育的一大特徵，對外國人來說，這恐怕是十分難以理解的現象。但在我看來，鄉土定義的恣意性，卻是1990年代鄉土教育不受打壓的重要因素，也因此，儘管《認識台灣》（1997年試用版、1998年正式版）的教科書內容，引發過論戰，例如「我們都是台灣人」、「台灣意識」等用語，但沒有人反對台灣人應該學習「鄉土」台灣。

鄉土教育的實施，雖然短短幾年就結束，卻為2000年以後的台灣本土化教育奠定了基礎。2000年以後的「九年一貫課程綱要」（相當於日本的「學習指導要領」），雖然不再設鄉土科，但強調教學內容全面鄉土化，不僅大幅增加台灣地理、台灣史、台灣文學的教學比例，還增加了母語（又稱鄉土語言或本土語言）課程，年輕世代的鄉土觀、歷史觀、語言觀，也因此有別於上一

代。

　他們就是所謂的天然獨世代。十多年前，我以鄉土教育為題，撰寫博士論文時，曾指出新的台灣認同將因為教學內容的改革而逐漸形成。當時，同研究室的日本同學，認為這個想法過分樂觀，但天然獨世代的出現，無疑地提供了一個最佳的解答。

### 参考資料

- 林初梅（2009）『「郷土」としての台湾——郷土教育の展開にみるアイデンティティの変容』東京：東信堂。
- 林泉忠（2016）「総統選と「天然独」パワー——台湾社会と中台関係の方向を握る鍵」『東亜』第 585 号、pp. 22-31。

### 単語表

| 単語＋注音符号 | 漢語拼音 | 日本語訳 |
|---|---|---|
| 與生俱來 | yǔ shēng jù lái | 生まれつき備わっている |
| 質詢 | zhíxún（中：zhìxún） | 質問して回答を求める、質疑を行う |
| ～道 | ～ dào | [量詞]（命令や問題等を数える） |
| 省分 | shěngfèn | 省（中国の行政区分で、中央に直属する一級行政区） |
| 全軍覆沒 | quán jūn fù mò | 全軍が壊滅する、全滅する |
| 反思 | fǎnsī | （過去を）振り返る、顧みる、考え直す |

| | | |
|---|---|---|
| 輔導 | fǔdǎo | 指導する、補習する（必ずしも日本語の「補導」のように「非行を正す」という意味ではない） |
| 教學 | jiàoxué（俗に「jiāoxué」とも） | 教学、教育、授業 |
| 架構 | jiàgòu | 骨組み、枠組み、構造 |
| 好（不）容易 | hǎo (bù) róngyì | ［副詞］やっとのことで、ようやく（「不」の有無にかかわらず同じ意味を表す） |
| 然而 | rán'ér | ［接続詞］しかしながら |
| 模稜兩可 | mó léng liǎng kě | 曖昧模糊としている、どちらとも取れる |
| 說〜也不為過 | shuō 〜 yě bù wéi guò | 〜と言っても過言ではない |
| 表述 | biǎoshù | 表明し説明する |
| 十分 | shífēn | ［副詞］十分に、非常に（必ずしも「充分」の意味はなく、単純な強調にも用いられる） |
| 儘管〜 | jǐnguǎn 〜 | ［接続詞］〜にもかかわらず、〜だけれども、たとえ〜でも |
| 引發 | yǐnfā | 引き起こす、誘発する |
| 比例 | bǐlì | 比率、比例（前者は日本語の「比例」と異なるので注意） |
| 撰寫 | zhuànxiě | （文章を）書く、執筆する |
| 指出 | zhǐchū | 指し示す、指摘する |

※「天然独」について

民進党主席蔡英文（後に第7代総統に就任）の、「台湾アイデンティティを持ち、独立自主の価値を堅持することは、すでに若い世代の「天然成分」になった」という発言に由来し（林泉忠 2016：24）、生まれながらの独立派、即ち台湾独立を当たり前の事と捉える若者世代を指す。これに対して従来世代の独立派を「老台独」と呼ぶこともある。

# 文法解説

## (1) 與其 〜 不如／寧可／寧願 etc. …

「〜よりも（寧ろ）…の方がよい」の意。2つの行動を比較して、片方を選択することを表す。

〔課文〕他們的「獨」從何而來，我認為**與其**說是與生俱來，**不如**說是學校教育的產物。
　→彼らの「独」がどこから来たのかについて、私は生まれついたものと言うより、学校教育の産物と言うべきであると考えている。

〔作例〕我**與其**在這裡等，**寧可**自己去找她。
　→私はここで待っているくらいなら、自分で彼女を尋ねて（探しに）行く。

## (2) 因（為）〜 而 …

「〜によって／のために…である」という意味を表す。「而」は多く書き言葉に用い、関連する前後の内容を結ぶ接続詞。

〔課文〕這個同心圓架構卻**因**鄉土定義的模稜兩可，**而**出現了不同的主張
　→（けれども）この同心円構造は郷土の定義が曖昧模糊としたものだったために、異なる主張を生み出すこととなり

〔課文〕曾指出新的台灣認同將**因為**教學內容的改革**而**逐漸形成。

→新たな台湾アイデンティティが教育内容の改革によって徐々に形成されて
いくだろうと指摘したことがある。

　この文章を読んで初めて、台湾に天然独と呼ばれる世代があるのを知りました。また、この世代の台湾人が受けた教育が「台湾」が見えるものに変化したために、彼らの意識の中に「独」の概念が生じたことも分かりました。学校教育は読み書き等の基礎的能力を養うだけでなく、生徒の意識を変える可能性も持っているのだなと感じます。私はこれまで小中学校の教育内容にこれほど大きな影響力があるとは思っていなかったので、日本の教育の問題についても考えるようになりました。一つ疑問があるのですが、「強調教學内容全面郷土化」の「教學内容」には、数学や物理等の理系科目も含まれるのでしょうか？ それとも国語や歴史といった文系科目だけでしょうか？

## 討論のタネ

1. あなたにとっての「郷土」はどこだろうか。そう感じる理由とともに話し
合ってみよう。

2. 日本（又は自国）にも「郷土教育」はあるだろうか。また郷土や国家の定
義をめぐって、学校教科書の内容が議論になったことはあるだろうか。

# MEMO

# 5 映画『海角七号』から見る現代台湾の言語、世代差と族群

## 從電影《海角七號》看今日台灣的語言、世代與族群

文／林　初梅

05　　　《海角七號》是 2008 年出品的一部台灣電影，除了票房成績亮眼，故事情節及取材也蔚為話題。有學者透過這部電影探討台灣人的日本觀，也有學界朋友透過這部電影教授台語（又稱閩南語），還有論文透過這部電影討論台灣的族群問題。一部大眾電影能獲得如此青睞，的確不容易，總之，這部包含台灣人生活萬象的電影，受到多方矚目。

　　戰前居住過台灣的灣生朋友，邀我一起去看這部電影。已經在台灣看過的我，對翻譯後的作品感興趣，抱著好奇的心情，陪同觀看。但坐在日本電影院中，卻發現周圍觀眾的反應出奇地冷淡，不少台灣人覺得有趣的地方，日本人都無動於衷，是翻譯的問題？或是民族性……？至今，這個問題仍不得其解。

　　台灣人喜歡這部片，除了劇情之外，一個主要的原因是電影

反映出「我們的語言」和「我們的記憶」。台灣有四大族群，分別是原住民、閩南人、客家人以及外省人。原來是語言互不相通的四大族群，在經歷了日本統治時期的日語教育及戰後的中文教育之後，不同世代與族群之間的語言使用產生了變化，這些變化在片中一一呈現，《海角七號》彷彿是今日台灣的縮影。

故事發生在台灣南部的小鎮——恆春，描述的是戰前與戰後台日的愛情故事，其中，有幾個令人印象深刻的語言設定與角色安排。一個60多年前遠離台灣的日本教師，信中用日語訴說著敗戰國民的傷痛及對初戀情人的思念。女主角友子也說日語，她是一個從日本來到台灣追求發展的年輕女性，除了日語，還說著一口流利並帶著外國腔調的中文。年近80歲的茂伯仔[※]則說日語和台語，60歲左右的議會代表幾乎只說台語，至於年輕的男主角阿嘉[※]，他說中文也說台語，但他選擇什麼語言則視講話對象而定，上述三人的角色設定，推測是閩南族群。客家人馬拉桑說中文，也說一些台語，片中還強調客家族群勤奮工作的形象。原住民警察勞馬，說中文也說一些台語，皮膚黝黑、五官深邃，加上

唱原住民語歌曲，讓人立刻聯想到他的原住民身分。扮演小學生的大大，她只說中文，其他在小鎮上跑來跑去的孩子們則說台語。

　　中文、台語交互使用是電影的一大特色，也反映台灣人的現實生活。特別是台灣南部，中文、台語交雜的場景非常多。此外，扮演小學生的大大與茂伯仔的對話也很有意思。兩人之間，一個說中文，一個說台語，彼此之間彷彿沒有交集，卻又對答如流，這也是台灣現實生活的一部分——年輕人雖然不太會說台語，但聽得懂台語的人不少，和長輩對話時倒也沒有問題。

圖1　《海角七號》拍攝場景成了觀光景點

圖2　男主角阿嘉的家，聚集了不少人潮

　　日語大量出現，則又是電影的另一大特點。其實，現在台灣

多數年輕人是聽不懂日語的，但透過中文字幕，他們可以感受到

七封塵封已久的情書所散發出的唯美情境，他們也期待年長的爺

爺奶奶，能夠透過這部電影，回味他們所熟悉的日語，勾起日本

時代的回憶。

　　《海角七號》，不僅描寫了台灣人的語言，也述說了台灣人的

記憶。

※「茂伯仔」「阿嘉」一般以台語發音，念作「Bŏ-peh-á」「A-ka」。

### 参考資料

• 林ひふみ（2010）「台湾映画『海角七号』を読み解く」『明治大学教養論集』第 452
　号、pp. 79-119。
• 林初梅（2015）「魏徳聖の三部作『海角七号』『セデック・バレ』『KANO』を鑑賞
　して」『東方』第 408 号、pp. 2-6。

### 単語表

| 単語＋注音符号 | 漢語拼音 | 日本語訳 |
|---|---|---|
| 成績 | chéngjī<br>（中：chéngjì） | 成績 |
| 亮眼 | liàngyǎn | 注目を浴びる、人目を引く |
| 情節 | qíngjié | いきさつ、経緯、（物語の）筋、プロット |

| | | | |
|---|---|---|---|
| 取材 | qǔcái | | 題材を取る、材料を取る（日本語のように記者が行う「取材」の意味はないので注意） |
| 青睞 | qīnglài | | 歓迎、青眼（好意的な眼差し） |
| 灣生 | wānshēng | | 湾生（日本統治時代の台湾で生まれた日本人を指す） |
| 出奇 | chūqí | | 普通でない、珍しい、変わっている |
| 無動於衷 | wú dòng yú zhōng | | 全く無関心である、少しも心を動かされない |
| 角色 | jiǎosè（juésè とも、中：juésè） | | 役、役柄、役割 |
| 發展 | fāzhǎn | | 発展する、（人が人生において）向上する、雄飛する |
| 議會代表 | yìhuì dàibiǎo | | 議長（台湾では主に地方議会の議長を指す） |
| 黝黑 | yǒuhēi | | どす黒い、黒ずんでいる、暗い |
| 五官深邃 | wǔguān shēnsuì | | 顔立ちがはっきりしていて彫りが深い（「五官」は目、耳、鼻、口、身を指す） |
| 立刻 | lìkè | | [副詞] 即刻、直ちに、すぐに |
| 扮演 | bànyǎn | | （役を）演じる、（役割を）果たす |
| 交集 | jiāojí | | （異なるものが）同時に現れる、一緒になる、接点 |
| 塵封 | chénfēng | | 埃に埋もれる、長い間放っておく |
| 回味 | huíwèi | | 後味を味わう、回想する、追憶する |
| 熟悉 | shúxī（俗に「shóuxī」とも） | | 詳しい、よく知っている |
| 勾起 | gōuqǐ | | （話や思い出等を）引き出す、誘い起こす |

# 文法解説

## (1) 彷彿 ～

　主に書き言葉で用いて、「あたかも／まるで～のようだ」の意を表す。話し言葉の「好像～」に当たる。

〔課文〕《海角七號》**彷彿**是今日台灣的縮影。
　→『海角七号』はまるで今日の台湾の縮図であるかのようだ。

〔課文〕兩人之間，一個說中文，一個說台語，彼此之間**彷彿**沒有交集，卻又對答如流
　→二人の間では、一人は中国語を、一人は台湾語を話していて、あたかも互いに噛みあっていないかのように見えるが、対話はスムーズに行われており

## (2) ～（A [主語] ＋）倒＋B [述語]

　予想や前の内容に反して、「～だけど／にもかかわらず（Aは）Bである」の意を表す。「雖然」や「但」等の逆接の接続詞と一緒に用いられることもある。「卻」の用法と近い。

〔課文〕年輕人雖然不太會說台語，但聽得懂台語的人不少，和長輩對話時**倒**也沒有問題。
　→若者はあまり台湾語を話せないけれども、台湾語を聞いて分かる人は少なくないので、年長者と話す時にも問題はないのである。

〔作例〕他阿公已經九十多歲了，身體**倒**還壯健。
　→彼のお爺さんはもう 90 歳過ぎなのに、身体はまだ壮健だ。

この映画は台湾の族群や言語、歴史を反映しており、『海角七号』は台湾のローカルな生活感に溢れた映画で、私達に台湾の多様性を第三者の視点から改めて感じる機会を与えてくれていると言ってよいと思います。本文中に「笑い所」の話がありましたが、普段私達が外国のドラマを見ている時にも、同じように笑い所が分からないといった状況が起こることに気がつきました。恐らく視聴者の共感を引き起こすような台詞や事柄があるのでしょうが、言語文化の背景が異なる人には感じることの難しい、共通の記憶なのでしょう。だからこそ外国語を学ぶに当たっては、単語や文法を覚えるだけでなく、その言語を使っている社会や文化についても理解することで、より自然で生の言葉が身に付くのだと思います。

## 討論のタネ

1．『海角七号』を観た時の反応が、筆者と日本人とで異なっていた理由は何だろうか。

2．『海角七号』のように、複数の言語が使われる映画を外国で翻訳して上映する場合、字幕で用いられる言語は往々にして1種類になってしまう。外国の観客にも多言語が使われていることを知らせる方法はあるだろうか。

# MEMO

# 6 消えつつある平埔族

消失中的平埔族

文／林　初梅

曾經任職台北市永吉國小的葉老師是閩南人。她在參與一項台灣史研究計畫的過程中，突然對自己的家族史感興趣，因此跑去戶政事務所調閱日本統治時期的戶籍資料，意外發現當時的戶籍資料上有平埔族的紀錄，葉老師興奮地說：「一直以為自己是漢人，原來我擁有原住民的血統。」

這樣的台灣人不少，平埔族漢化是眾所皆知的事，很多台灣人都覺得自己應該有原住民血統，但很少有人像葉老師那樣直接跑去調閱資料求證的。

有一句台語的俗諺：「有唐山公，無唐山媽」[※]，也可以印證葉老師的故事，這句俗諺不只流傳於坊間，近年來也出現在歷史教科書中。台灣人以前稱中國為唐山，這句話意思是說：有從唐山來的漢人男性祖先，而沒有從唐山來的漢人女性祖先，以此說

明漢人男子自中國移民來台，再和台灣當地的原住民女子通婚，而有了現在的台灣人。也因此，今日台灣四大族群的分類，有不少是自我的民族想像。

台灣原住民在人種上屬馬來人，語言屬南島語系，大致可分為居住在高山的高山族與居住在平地的平埔族。清領時代，前者又叫生番，意味著漢化程度較低的番人，後者又叫熟番，意味著漢化程度較高的番人，不過，「番」意指野蠻人，這種歧視性的用語，現在已經不用了。

現今大家所熟知的台灣原住民共分16族，大多是居住於高山的高山族，而居住在平地的平埔族，如今除了宜蘭一帶的噶瑪蘭族和阿里山附近的邵族還有跡可循，被納入16族的原住民中，其餘幾乎已經是歷史名詞。日本統治時期之文化人類學家伊能嘉矩於《台灣蕃政志》（1904）中，曾將平埔族分為10族，這表示當時很多平埔族仍保有明顯的語言文化特徵。但如今平埔族漢化顯著，他們的長相、他們的語言，只能透過研究書籍略知一二。

17世紀以前台灣原住民的歷史，有一小部分可以透過漢人的

圖1　漢字和羅馬字並列的土地契約

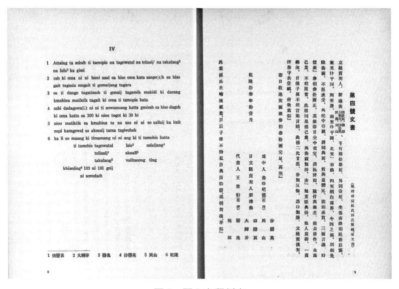

圖2　圖1之翻刻本

圖1、圖2皆引自村上直次郎《新港文書》（日本國會圖書館之數位典藏）

旅行遊記得知，但卻沒有自身書寫的文字紀錄，唯一流傳下來的是「新港文書」，這份史料跨越的年代從 17 世紀到 19 世紀，時間長達一百多年，大約有一百多件流傳下來，使用的文字是以羅馬字書寫的平埔族西拉雅語（西拉雅族分布於今天的台南新市區一帶）。17 世紀荷蘭人統治台灣南部期間（1624～1662），利用羅馬字記錄當地原住民的口語。

荷蘭離開台灣之後，當地原住民仍持續一段時間以這種羅馬字書寫，他們所留下的文字稱為新港文，史料群則統稱為新港文書，內容多為漢民族和平埔族之間所簽定的土地契約，也有不少是漢字和新港文並列的（如圖 1）。透過這些史料，可以解讀當時平埔族之社會文化，但畢竟西拉雅語早已失傳，能夠解讀的學者非常有限，史料群的解讀工作仍由學者持續進行中。

※「有唐山公，無唐山媽」一般以台語發音，念作「ū tn̂g-suaⁿ-kong, bô tn̂g-suaⁿ-má」。

**参考資料**

- 村上直次郎（1933）『新港文書』台北：台北帝國大學文政學部。
- 李瑞源（2012）「従新港文書看16-19世紀的平埔族」『原住民族文献』第3期（https://ihc.apc.gov.tw／）。

**単語表**

| 単語＋注音符号 | 漢語拼音 | 日本語訳 |
|---|---|---|
| 曾經 | céngjīng | ［副詞］かつて、以前に |
| 任職 | rènzhí | 勤める、在職する |
| ～項 | ～ xiàng | ［量詞］（議題や任務、プロジェクト等を数える） |
| 突然 | túrán（中：tūrán） | ［副詞］突然、いきなり、出し抜けに |
| 戶政 | hùzhèng | 戸籍関係の行政事務 |
| 調閱 | diàoyuè | （書類等を）取り寄せて閲覧する |
| 一直 | yìzhí | ［副詞］まっすぐ、ずっと、一貫して |
| 血統 | xiětǒng（中：xuètǒng） | 血統、血筋 |
| 求證 | qiúzhèng | 証拠を探す、証拠を求める |
| 俗諺 | súyàn | ことわざ、俗諺 |
| 印證 | yìnzhèng | 間違いがないことを証明する、裏付ける |
| 熟知 | shúzhī（俗に「shóuzhī」とも） | 熟知する、よく知る |

| | | |
|---|---|---|
| 納<sup>ナ</sup>入<sup>ロウ</sup> | nàrù | （抽象的な事柄について）収める、取り入れる |
| 長<sup>ヂャン</sup>相<sup>シャン</sup> | zhǎngxiàng | 容貌、顔立ち、器量 |
| 透<sup>トウ</sup>過<sup>グオ</sup>〜 | tòuguò 〜 | ［介詞］〜を通して、〜を通じて（中国では「通過（通过）」を使うことが多い） |
| 略<sup>リュエ</sup>知<sup>ヂ</sup>一<sup>イー</sup>二<sup>ル</sup> | lüè zhī yī èr | 多少は知っている |
| 得<sup>ダァ</sup>知<sup>ヂ</sup> | dézhī | （何らかの手段を通じて）知る |
| 跨<sup>クワ</sup>越<sup>ユエ</sup> | kuàyuè | （距離や時間を）越える、跨ぐ、（制限や障碍を）乗り越える |
| 能<sup>ナン</sup>夠<sup>ゴウ</sup>〜 | nénggòu 〜 | ［助動詞］（能力があって、又は能力の程度を表して）〜できる、（条件が整って、又は許可されて）〜してよい（「能」や「可以」と同じ） |
| 有<sup>ヨウ</sup>限<sup>シェン</sup> | yǒuxiàn | 有限である、限りがある、限られている、僅かである |

※シラヤ族について
シラヤ族（西拉雅族／ Xīlāyǎzú）は主に台南に居住する平埔族の一つ。現在でもシラヤ族を自認する人々は存在するが、2021 年時点で国から原住民族としての認定は受けていない。


## 文法解説

### (1) 原來 〜

　それまで知らなかったり、気づかなかったりした事を発見した際に、「〜だったのか」というニュアンスを表す。

〔課文〕一直以為自己是漢人，**原來**我擁有原住民的血統。
　→ずっと自分は漢人だと思っていたけれど、私には原住民の血が入っていた

のか。

〔作例〕**原來如此，謝謝您告訴我。**
→なるほどそうだったんですか、教えて頂きありがとうございます。


# (2) 稱＋Ａ[名詞]＋為＋Ｂ[名詞]／Ａ[名詞]＋稱為＋Ｂ[名詞]

主に書き言葉で「ＡをＢと称する」、又は「ＡがＢと称される」の意を表す。話し言葉の「叫做」に当たる。

〔課文〕台灣人以前**稱**中國**為**唐山
→台湾人はかつて中国のことを唐山と称しており

〔課文〕當地原住民仍持續一段時間以這種羅馬字書寫，他們所留下的文字**稱為**新港文，史料群則統**稱為**新港文書
→当地の原住民はその後も暫らくの間このローマ字で文章を書いていて、彼らが残した文字を新港文と呼び、史料群のことを新港文書と総称する


## 大学生の声

　この文章を読んで初めて、台湾原住民の中にも様々な民族があり、またそれぞれに漢化の度合いも異なるということを知りました。本文によれば、平埔族は漢人と通婚して漢化したとのことで、漢文化の影響力の大きさを物語っているように思います。私は観光で日月潭に行った時、原住民の音楽によるパフォーマンスを見たことがあり、とてもエキゾチックで美しい音色でしたが、同時に演奏者の中に若者がいないことに気づきました。この文章を読んでその事を思い出し、原住民は今後どのように自らの文化を継承していけばよいのかと、心配になりました。また一つ疑問に思ったこととして、異なる原住民族（例えばクバラン族とタイヤル族等）の間でも、通婚の現象はあるのでしょうか？　もしあるとすれば、原住民族間でも文化的影響力の差はあるのでしょうか？

## 討論のタネ

1. 本文冒頭の逸話にある葉先生のように、台湾で平埔族としての血筋に関心が高まっている背景には、どのような事情があると考えられるだろうか。

2. 日本（又は自国）にも消失の危機に瀕した民族がいるだろうか。いるとしたら、そうした民族の言語や文化について、国としてどのような施策を取るべきだろうか。

6

## 7 閩南人から見た客家の人々の印象
### 閩南人印象中的客家群像

文／林　初梅

　　根據社會語言學家黃宣範的調查研究，台灣四大族群的人口比例，分別是閩南人73.3%、客家人12%、外省人13%、原住民1.7%。本文的主題，也就是閩南人及客家人，他們大約是兩、三百年前由中國移居到台灣的漢民族，這些人的遷移史和東南亞國家的華人沒有什麼太大的不同，他們多來自中國的東南沿海，為了討生活而遠離家鄉，飄洋過海到外地尋求發展，當然也有一部分的人和當地人通婚。

　　我的祖先也是一樣，從家族長輩的口述得知，他們移居台灣後，也有過和原住民（平埔族）通婚的經驗。姑且跳過這些年代久遠的家族史，我自己的親身經歷只能上溯到祖父母世代的歷史。外祖母是客家人，所以我是個帶有四分之一客家血統的閩南人，或許是因為不會說客家話，總覺得自己不屬於客家族群。也

因此，這篇文章，是從一個閩南人的角度談論客家，一個帶有客家血統的閩南人應該如何介紹客家人與客家文化，著實讓我傷透腦筋。

根據台灣史的記載，閩南人的來台時間比客家人早，因此晚來的客家人多居住在土地比較貧瘠的地帶，閩客之間語言不通，形成各自的生活圈，但經常為爭水源而發生衝突，史稱「分類械鬥」。

我本來是有機會學會客家話的，因為從小就跟外婆一起生活。小學時代，沒有營養午餐，沒帶便當的人，可以利用中午時間回家吃飯，這大概是現代學童難以想像的。身為職業婦女的母親沒時間做便當，我還為此轉學，轉到外婆家的學區，天天到外婆家吃中飯。換句話說，童年時期有一半的時間，我置身在客家文化的環境，卻始終沒學會客家話。外婆的娘家如果有人來拜訪，外婆一定說客家話，兒時的我，對於不熟悉的語言，總是避開。

不可思議的是，我的閩南話（又稱台語或台灣話）是跟外婆

學的。外婆不會中文，從我有記憶以來，就都一直跟外婆說閩南話，何以如此，至今仍然無法理解，可能是周圍鄰居都說閩南話吧，所以也有人說客家族群是台灣社會的隱形人。

台灣的客家族群，遍布在中壢、桃園、新竹、苗栗、高雄、屏東等地方，客家話又分四縣、海陸、大埔、饒平等口音。印象中，我把新竹的客家朋友帶到外婆家，即便他們之間的腔調、語彙有些差異，兩人至少是可以溝通對話的。

但也有不少居住在閩南聚落的客家人是不會說客家話的。長年使用閩南語的結果，讓他們以閩南人自居，也就是所謂閩南化的客家人，他們被稱為「福佬客」，血統上是客家人，自我認同卻是閩南人。

我對客家人的印象是勤勉樸素，這也是外婆給我的印象。所以台灣人常說娶客家女性很好，但嫁給客家人當媳婦很辛苦，這雖然是一種刻板印象，但有人說質樸、勤儉、愛乾淨的民族性和日本人很類似，也因此，這樣的客家群像拉近了異國兩個民族之間的距離。

　　說到客家文化，容易聯想到客家美食，例如客家小炒、薑絲大腸、梅干扣肉等等。近年來，客家委員會、客家電視台、大學客家相關學院也積極推廣客家話及客家文化，如果想對客家文化有更進一步的了解，可以透過這些機關的網頁查詢。

　　我因為自己的語言認同，一向以閩南族群自居，要說我有什麼遺憾，那就是沒學會客家話。語言和歷史往往是決定一個人自我認同的關鍵，如果我從小會說客家話，或許現在的情況就不同了。

圖1　位於新竹的國立陽明交通大學客家文化學院（客家文化學院提供）

**参考資料**

- 客家委員会（https://www.hakka.gov.tw/index.html）。
- 国立陽明交通大学客家文化学院（https://hakka.nctu.edu.tw/）。
- アンダーソン，ベネディクト（2007）白石隆／白石さや訳『定本 想像の共同体——ナショナリズムの起源と流行』東京：書籍工房早山（Anderson, Benedict（2006）*Imagined Communities: Reflections on the Origin and Spread of Nationalism.* London and New York: Verso）。

**単語表**

| 単語＋注音符号 | 漢語拼音 | 日本語訳 |
|---|---|---|
| 討生活 | tǎo shēnghuó | なんとか暮らしていく、生活の糧を求める |
| 飄洋過海 | piāo yáng guò hǎi | はるばる海を渡る、大洋を航海する |
| 姑且 | gūqiě | ［副詞］ひとまず、取りあえず、暫らく |
| 親身 | qīnshēn | ［副詞］自ら、身を以て |
| 總 | zǒng | ［副詞］いつも、ずっと |
| 外婆 | wàipó | 外祖母、母方の祖母 |
| 營養午餐 | yíngyǎng wǔcān | 学校給食 |
| 便當 | biàndāng | 弁当（日本語からの借用語） |
| 職業婦女 | zhíyè fùnǚ | キャリアウーマン、職業婦人 |
| 轉學 | zhuǎnxué | 転校する |
| 娘家 | niángjiā | （既婚女性の）実家 |
| 鄰居 | línjū | 隣近所、隣人 |

| | | |
|---|---|---|
| 隱形人 | yǐnxíngrén | 透明人間 |
| 至少 | zhìshǎo | ［副詞］少なくとも、せめて |
| 樸素 | púsù（中：pǔsù） | 質素である、素朴である、地味である |
| 娶 | qǔ | （妻を）娶る、（嫁を）貰う、（男性が）結婚する |
| 嫁 | jià | 嫁ぐ、嫁に行く、（女性が）結婚する |
| 媳婦 | xífù | 息子の妻、（夫側の家から見た）嫁 |
| 刻板印象 | kèbǎn yìnxiàng | 紋切り型の印象、ステレオタイプ |
| 關鍵 | guānjiàn | 肝心な（鍵となる）点、キーポイント |

※客家料理について
客家小炒：豚肉、厚揚げ、ネギ等の炒め物。
薑絲大腸：生姜の千切りとモツの炒め物。
梅干（乾）扣肉：梅干菜（からし菜の一種を塩漬けにして干したもの、梅干しではない）と豚バラ肉の煮込み。


# 文法解説

## (1) ［動詞］＋透

「透」は結果補語として、動作が徹底していることを表す。

〔課文〕一個帶有客家血統的閩南人應該如何介紹客家人與客家文化，著實讓我傷透腦筋。
　→客家の血を引く閩南人として客家人と客家文化をどのように紹介すべきかは、私にとって本当に悩ましいところだった。

〔作例〕大家都恨透了那個兇惡的犯人。
　→皆がその凶悪犯のことを心から憎んだ。

## （2）A［動詞］＋給＋B［目的語］

　「給」は動作の受け手や受益者を表す介詞だが、結果補語として動詞の後ろに付くこともあり、「BにAする／Aしてあげる」の意を表す。

〔課文〕但嫁**給**客家人當媳婦很辛苦
　→けれども客家人に嫁いでお嫁さんになると苦労する

〔作例〕必要的文件都寄**給**她了，應該沒問題吧。
　→必要な書類は全部彼女に郵送してあげたから、多分大丈夫でしょう。

　「福佬客」という言葉が隠れた客家人を指すのだということを、この文章を通じて学びました。私は客家人は皆客家語を話しているものとばかり思っていましたが、本文によれば閩南語を話すことによって、客家であることが見えなくなる人達がいるとのことでした。そうした客家の人々は何故閩南語を話すのでしょうか？ 閩南人の人口比率が高いからでしょうか？ また逆に、台湾の閩南人の中にも客家語を話す人がいるのでしょうか？

## 討論のタネ

1. 台湾の族群の中で客家が「隠形人」と言われるのには、どのような理由があるだろうか。

2. 世界的に有名な政治家や指導者には、客家人が多くいると言われているが、知っている人物はいるだろうか。

# MEMO

# 8 外省人の歩んだ時代とその軌跡
## 外省人走過的時代軌跡

文／林　初梅

**08**

　　1984 年台北，某大學的某個系舉辦了一場新生歡迎會，這場歡迎會由新生的自我介紹揭開了序幕，然而一個介紹自己是外省人的新生，卻惹得大家哄堂大笑。他來自彰化，一口台灣國語，時而說流利的台語，讓全班同學頓時懷疑自己是不是聽錯了。

　　這個新生，2021 年的今天，已經是個中年歐吉桑。他確實是外省人，父親是戰後隨國民黨來台的外省人，但他從小和本省小孩一起玩，台灣話說得比中文還流利。那個年代，外省人的身分代表某種社會地位，他們大多說著一口標準發音的國語，經常奪得演講比賽的冠軍，自我介紹時也不掩藏自己的外省人身分，這和 1990 年代以後的氛圍完全不同。

　　究竟台灣的外省人是什麼樣的族群？學界慣稱他們佔台灣總人口的 13％，但這個數據自 1990 年代社會語言學家黃宣範教授

所做的田野調查以來，並未更新，至今大概無人能出其右。原因在於台灣人的族群界限變得越來越模糊，特別是年輕世代，即使帶有外省血統，也少有「純」外省人，不同族群之間的通婚，讓族群意識產生變化。

　　談到外省人走過的時代軌跡，必須追溯到 1945 年日本戰敗的那一年，齊邦媛的《巨流河》(2009) 及龍應台的《大江大海──1949》(2009) 皆對這段歷史有深刻的著墨。戰後，大批的外省人跟隨國民黨來台，正確人數未經統計，沒有標準答案，一說人數高達 120 萬人。他們大多住在所謂的「眷村」，其中有高級知識分子，也有大字不識的大頭兵，他們來自中國的大江南北，說著各自不同的母語，卻往往被誤以為母語是中文。或許是來到台灣之後，本省人所聽不懂的語言，都被歸類為中文，也或許是中文是他們之間彼此

圖 1　眷村遍布全台，此為台北 101 附近的眷村

交流的共通語言，總之，外省人容易與「標準國語」畫上等號。此外，早期的外省籍高級知識分子的社經地位相對偏高，讓本省人視外省人為權貴的象徵，也讓族群對立的現象隨之產生。

反攻大陸、落葉歸根，是早期外省族群的心願，但 1987 年以後，隨著戒嚴時代的結束，當兩岸可以自由往來時，他們大多選擇定居台灣。法國學者高格孚（Stéphane Corcuff）的著作《風和日暖》（2004），甚至指出他們的台灣認同早已形成，只是不自知。外國媒體習慣將外省人與「親中派」畫上等號，其實不少外省人具備高度的台灣認同，而親中派不一定是外省人。

台灣的外省人與其他族群相比較，往往在原鄉意識和語言認同上有著強烈的差異，但戰後數十年的歲月，改變了他們的原鄉意識及語言認同，年輕世代的台灣人身上也難以找到象徵族群身分的明顯特徵，台灣四大族群之間的界限，似乎也逐漸模糊了。

**參考資料**

• 梁修身監督（2005）『再見 忠貞二村』台北：公共電視（ドラマ DVD）。
• 高格孚（2004）『風和日暖——台湾外省人与国家認同的転変』台北：允晨文化（S・コルキュフ／上水流久彦他訳（2008）『台湾外省人の現在』東京：風響社）。

**単語表**

| 単語＋注音符号 | 漢語拼音 | 日本語訳 |
| --- | --- | --- |
| 外省人 | wàishěngrén | 外省人（第二次大戦後に中国大陸から台湾に渡って来た人々とその子孫、第1課参照） |
| 軌跡 | guǐjī（中：guǐjì） | 軌跡、（歩みや変化の）道筋 |
| 新生 | xīnshēng | 新入生 |
| 揭開 | jiēkāi | （幕や本等を）開ける |
| 哄堂大笑 | hōngtáng dàxiào | 一座の者がどっと笑う |
| 頓時 | dùnshí | ［副詞］俄かに、急に |
| 歐吉桑 | ōujísāng | おじさん、おっさん（日本語からの借用語、実際には台湾語風に o-jí-sáng と発音されることが多い） |
| 究竟 | jiùjìng（中：jiūjìng） | ［副詞］一体、果たして |
| 田野調査 | tiányě diàochá | 臨地調査、フィールドワーク |
| 無人能出其右 | wú rén néng chū qí yòu | 右に出る者はいない |
| 著墨 | zhuómò | 筆を運ぶ、書く |
| 大批 | dàpī | 大量の、大勢の |
| 大字不識 | dàzì bú shì（中：bù shí） | 「大」という字さえ知らない（字が読めないことの喩え） |
| 大頭兵 | dàtóubīng | 新米の兵隊、下級兵士 |
| 大江南北 | dà jiāng nán běi | 長江の南北、（転じて）全国各地、津々浦々 |

8

| | | |
|---|---|---|
| 畫上等號 | huàshàng děnghào | 等号を書く、イコールで結ぶ |
| 反攻大陸 | fǎngōng dàlù | 大陸反攻（中国大陸に反転攻勢をかけること、台湾に逃れた国民党が掲げたスローガン） |
| 落葉歸根 | luò yè guī gēn | 落ち葉は根に帰る（故郷に戻ることの喩え） |
| 認同 | rèntóng | アイデンティティ（を感じる） |
| 界限 | jièxiàn | 境界、限度 |

# 文法解説

## （1）比＋A［名詞］＋還（要）＋B［形容詞］

「AよりもなおBだ」の意。程度が高い人・物（A）と比較して、それを更に上回る（ほどBである）ことを表す。

〔課文〕台灣話説得**比**中文**還**流利。
　→台湾語は中国語よりも更に流暢である。

〔作例〕東京的物價**比**台北**還要**高。
　→東京の物価は台北より更に高い。

## （2）甚至［副詞／接続詞］〜

際立った事例を強調して「〜さえ／すら」の意、又は前の内容を受けて「ひいては〜」という意味を表す。

〔課文〕法國學者高格孚（Stéphane Corcuff）的著作《風和日暖》（2004），**甚至**指出他們的台灣認同早已形成，只是不自知。

→フランス人学者コルキュフ（Stéphane Corcuff）の著作『風和日暖』（2004）は、彼らの台湾アイデンティティはとっくに形成されており、単に自覚していなかっただけであるとさえ指摘した。

〔作例〕他來台後不只學會了華語，**甚至**還學會了台語。

→彼は来台後に華語ができるようになっただけでなく、その上台湾語までできるようになった。

## 大学生の声

私はずっと「外省人」は「親中派」だと思っていたので、この文章を読んでから外省人の印象がかなり変わりました。本文には、外省人の一部は台湾人アイデンティティを持っており、族群の境界線も曖昧になってきているとありました。台湾人は徐々に個々人の属する族群を意識しなくなってきているということかと思います。2つ質問があります。台湾人にあなたの族群は何かと尋ねることは、失礼に当たるでしょうか？ 自分のようにずっと日本で暮らしている人間にとっては、自らの族群を尋ねられる感覚がどういったものか、想像し難い部分があります。それから、台湾には族群による差別の問題はあるのでしょうか？

## 討論のタネ

1．「外省人＝中国語／親中派」のような世間一般のステレオタイプには、他にどういったものがあるだろうか。

2．台湾では、標準的な発音の国語（中国語）が外省人の特徴であったと述べられているが、日本（又は自国）にも、このように言葉の発音によって人を識別するような現象が見られるだろうか。

# 台湾原住民のルーツ探しの旅

## 台灣原住民的尋根之旅

文／林　初梅

　　台灣國立政治大學民族系的王老師，曾經跟我分享過一個小故事。王老師的專長是台灣原住民研究，經常和日本愛奴族學界進行交流，有一次，她前往北海道參加學會，在札幌認識了一個日本年輕人。她猜想北海道人或許有愛奴族的血統，於是便問他是不是愛奴人，對方的回答很妙，他說：「我不是，但我父親是」。王老師頓時不知如何回答，因為不太明白這個邏輯——如果他爸爸是，那為什麼他不是。這樣的現象是否只存在於日本愛奴族？還是世界各國少數民族都有類似情形？而台灣原住民又是如何？這些都是很值得思考的問題。

　　台灣四大族群中，南島語系的原住民是最早定居台灣的，但因不同時期的外來統治者，使他們長年受到歧視，也被冠上不同的稱呼。歷史上，清代被稱為番，漢化程度低的叫生番，漢化程

度高的叫熟番；日本統治時期被稱為蕃人，也分生蕃與熟蕃，前
者依其語言文化的差異，又被細分為 9 族，之後，改稱高砂族；
1945 年以後國民黨來台，高砂族被改稱為山地同胞（簡稱山胞），
這些稱謂或多或少都帶有貶抑的含意。

1994 年以後則統一稱為「原住民」，這是原住民族群爭取正
名得來的成果，意指原來就定居台灣的意思，「原住民族委員會」
的官網有如下的說明：

「原住民族約有 57 萬 1816 人，佔台灣總人口數的 2.4 ％，目
前，經政府認定的原住民族有：阿美族、泰雅族、排灣族、布農
族、卑南族、魯凱族、鄒族、賽夏族、雅美族、邵族、噶瑪蘭族、
太魯閣族、撒奇萊雅族、賽德克族、拉阿魯哇族、卡那卡那富族
等 16 族，各族群擁有自己的文化、語言、風俗習慣和社會結構，
對台灣而言，原住民族是歷史與文化的重要根源，也是獨一無二
的美麗瑰寶。」

由此可知，台灣原住民族從日本統治時期的 9 族增為 16 族，
所佔總人口數的比例也由 1990 年代的 1.7％ 增為 2.4％。這個增

幅，意味著什麼呢？

1990 年代是原住民找回自我認同的年代，在那之後，原住民文化成為象徵台灣多元文化的重要元素，原住民的地位不僅提升，在民族意識崛起的過程中，以往被籠統分類的民族，也在 2001 年以後積極爭取政府認定而獨立，因此比以往增加了 7 族。

只是，原住民族語傳承的危機依然存在，王老師曾指出台灣原住民中有 20% 的人會說流利的母語，但僅分布在 50 歲以上的年齡層。因此，政府機關積極協助原住民振興母語文化。舉例而言，1996 年成立「原住民族委員會」推動原住民相關業務，2005 年成立原住民族的專屬電視台（簡稱原民台），常態性地播放族語新聞及原住民相關節目，2017 年則公布實施「原住民族語言發展法」以加強原住民語的復振。

而人口總數佔比從 1.7% 增加到 2.4%，則意味著尋根的原住民增加了。2008 年所修訂的〈原住民身分法〉規定取得原住民身分的管道有幾種，其一是憑藉戶籍謄本得以申請恢復，但據說日治時期的謄本是唯一的依據，記載為「生」、「高」的人才能獲

圖 1　台灣屏東縣泰武國小師生積極走出國門推展原住民文化

圖 2　演唱排灣族傳統歌謠

圖 3　與阪大師生共聚一堂，進行文化交流

（2019 年 5 月 15 日攝於大阪大學外國語學部舊校區）

准，反之，記載為「熟」、「平」、「福」、「廣」的人都不行[※]。其二是夫妻雙方只要有一方是原住民，其婚生子女可以登記為原住民。

或許是這些原因，讓台灣原住民的比例增加了，這與日本的愛奴族顯然不一樣，日本愛奴族的民族意識日趨淡薄，台灣的原住民則在政策法令的保護下，加強了他們尋根的動機。

[※]「生」、「高」指生蕃（高砂族），「熟」、「平」指熟蕃（平埔族），「福」指福建，日治時期戶籍謄本將閩南人記載為「福」，「廣」指廣東，日治時期戶籍謄本將客家人記載為「廣」。

### 参考資料

- 原住民族委員会「原住民族分布区域」（https://www.apc.gov.tw/portal/docList.html?CID=6726E5B80C8822F9）。
- 全国法規資料庫「原住民身分法」（https://law.moj.gov.tw/LawClass/LawAll.aspx?pcode=D0130001）。
- 全国法規資料庫「原住民族語言発展法」（https://law.moj.gov.tw/LawClass/LawAll.aspx?pcode=D0130037）。

### 単語表

| 単語＋注音符号 | 漢語拼音 | 日本語訳 |
|---|---|---|
| 専長 | zhuāncháng | 特技、専門、特長 |
| 愛奴族 | Àinúzú | アイヌ民族（「愛努族」や「阿伊努族」とも） |

| 猜想 | cāixiǎng | 推測する、推量する |
|---|---|---|
| 對方 | duìfāng | 相手、先方 |
| 邏輯 | luójí | ロジック、論理（英語からの借用語） |
| 稱謂 | chēngwèi | （親族や身分等の）呼称、名称 |
| 或多或少 | huò duō huò shǎo | 多かれ少なかれ |
| 貶抑 | biǎnyì | （わざと）低く評価する、貶める |
| 爭取 | zhēngqǔ | 勝ち取る、努力して獲得する |
| 正名 | zhèngmíng | 正しい名前、正名、名前を正す（下記「正名運動について」参照） |
| 官網 | guānwǎng | 公式サイト（「官方網站」の略、政府機関のもの以外にも用いる） |
| 結構 | jiégòu | 構造、構成、仕組み |
| 獨一無二 | dú yī wú èr | 唯一無二である、たった一つである |
| 瑰寶 | guībǎo | 貴重な宝物 |
| 意味著～ | yìwèizhe ～ | ～を意味している、～ということである |
| 提升 | tíshēng | 昇格させる、向上させる |
| 崛起 | juéqǐ | 勃興する、崛起する、抬頭する |
| 籠統 | lóngtǒng（中：lǒngtǒng） | 漠然としている、大雑把である |
| 尋根 | xúngēn | 根源を追求する、ルーツを探る |
| 記載 | jìzài（俗に jìzǎi とも、中：jìzǎi） | 記載する |

※「正名運動」について

民主化と本土化の流れの中で、それまで使用されてきた差別的、或いは時代にそぐわない名称・呼称を、本来あるべきものに改めようという運動。本文に述べられている通り既に定着した「原住民」の呼称以外にも、国名や企業名等に冠されている「中国」

や「中華」を「台湾」に改めようという運動や、「閩南語」をやめて「台湾語」と呼ぶべきという主張等、様々な文脈でこの「正名」という言葉が用いられている。

※原住民族の名称
阿美族（Āměizú）：アミ族、泰雅族（Tàiyǎzú）：タイヤル族、排灣族（Páiwānzú）：パイワン族、布農族（Bùnóngzú）：ブヌン族、卑南族（Bēinánzú）：プユマ族、魯凱族（Lǔkǎizú）：ルカイ族、鄒族（Zōuzú）：ツォウ族、賽夏族（Sàixiàzú）：サイシャット族、雅美族（Yǎměizú）：ヤミ族、邵族（Shàozú）：サオ族、噶瑪蘭族（Gémǎlánzú）：クバラン族、太魯閣族（Tàilǔgézú）：タロコ族、撒奇萊雅族（Sāqíláiyǎzú）：サキザヤ族、賽德克族（Sàidékèzú）：セデック族、拉阿魯哇族（Lā'ālǔwāzú）：ラアロア族、卡那卡那富族（Kǎnàkǎnàfùzú）：カナカナブ族

# 文法解説

## (1) ～ 而言

　書き言葉で用いて、「～して言えば」の意。話し言葉の「～來說」に当たる。以下で述べる内容の枠組みを示し、日本語は「～」の中身によって様々な訳があり得る。

〔課文〕對台灣**而言**，原住民族是歷史與文化的重要根源
　→台湾にとって、原住民族は歴史と文化の重要な拠り所であり

〔課文〕舉例**而言**，1996 年成立「原住民族委員會」
　→例を挙げると、1996 年に「原住民族委員会」が設立され

## (2) ～ 得以＋A［動詞］

　「～して（それによって）Aすることができる」の意。「得以＋［動詞］」単独では使われず、必ず前の内容を受けて用いられる。

〔課文〕2008 年所修訂的〈原住民身分法〉規定取得原住民身分的管道有幾種，
　其一是憑藉戶籍謄本**得以**申請恢復

→ 2008 年に修正された「原住民身分法」では原住民の身分を取得する方法が何通りか規定されており、その一つが戸籍謄本に基づいて（身分の）回復を申請できるというもので

〔作例〕他出去外面引誘敵人的注意，讓同伴**得以**順利逃跑。
　→ 彼が外に出て敵の注意を引きつけ、仲間が上手く逃げられるようにした。

　王先生が北海道の若者にアイヌかどうかと尋ねたら、その人が「私は違うけど、父はそうです」と答えたという話ですが、これは言い方を換えれば、「父は父、私は私」ということであり、こうした考え方を聞いて私は高校時代の中国人の友人のことを思い出しました。彼女は小さい頃から日本に住み、日本語も中国語も話せて、両親は中国人ですが、彼女自身は日本で暮らして日本社会にアイデンティティを感じていました。彼女のことを思い出して、本文のアイヌの例とよく似ていると思いました。彼らには彼らの考え方、彼らのアイデンティティがあるのだと思います。また、アイヌの民族意識が薄れつつあるという点に関して、心配にもなりました。自分も日本人ですが、日本の唯一の先住民であるアイヌに関する知識が少ないと感じ、日本人はもっとアイヌの問題に関心を持つべきだと思いました。

## 討論のタネ

1. 本文冒頭の逸話において、北海道の若者がこのように答えた理由と、王先生がそれを聞いて困惑した理由をそれぞれ想像してみよう。

2. 日本においてアイヌが置かれている現状は、台湾の原住民とどのように異なるだろうか。また、そうした違いの背景にある歴史についても考えてみよう。

# 10 台湾の小学校の多言語教育

台灣小學的多語教育

文／林　初梅

　　台灣的學生究竟要上哪些語文課？由表 1 可以看出，台灣的小學開設有國語文、英語文、本土語文以及新住民語文等課程。這張表是根據教育部公布的《十二年國民基本教育課程綱要》所製作的，包含小學、中學、高中三個階段，2019 年正式開始實施。由於西元 2019 年也就是民國 108 年，因此，「十二年國民基本教育課程綱要」又簡稱為「108 課綱」。

　　其實，這樣的課程架構，可不是最近才開始的。2001 年起實施的「九年一貫課程綱要」是這個課程基本架構的雛形。在那之前，台灣的教學內容缺乏台灣主體性，也沒有教授台灣本土語言。2001 年所制定的「九年一貫課程綱要」，可以說是一項很大的突破，在那之後，「課程綱要」的內容大多只是微修或微調而已。

**表1 「十二年國民基本教育課程綱要」各教育階段領域課程架構**

| 教育階段 | | 小學 | | | | | | 中學 | | | 高中 | | |
|---|---|---|---|---|---|---|---|---|---|---|---|---|---|
| 領域 ＼ 年級 | | 一 | 二 | 三 | 四 | 五 | 六 | 七 | 八 | 九 | 十 | 十一 | 十二 |
| 部訂課程 | 語文 | 國語文 (6) | | 國語文 (5) | | 國語文 (5) | | 國語文 (5) | | | 國語文 | | |
| | | 本土語文／新住民語文 (1) | | 本土語文／新住民語文 (1) | | 本土語文／新住民語文 (1) | | | | | | | |
| | | | | 英語文 (1) | | 英語文 (2) | | 英語文 (3) | | | 英語文 | | |
| | | | | | | | | | | | 第二外國語文（選修） | | |
| | 數學 | 數學 (4) | | 數學 (4) | | 數學 (4) | | 數學 (4) | | | 數學 | | |
| | 社會 | 生活課程 (6) | | 社會 (3) | | 社會 (3) | | 社會 (3) | | | 社會 | | |
| | 自然科學 | | | 自然科學 (3) | | 自然科學 (3) | | 自然科學 (3) | | | 自然科學 | | |
| | 藝術 | | | 藝術 (3) | | 藝術 (3) | | 藝術 (3) | | | 藝術 | | |
| | 綜合活動 | | | 綜合活動 (2) | | 綜合活動 (2) | | 綜合活動 (3) | | | 綜合活動 | | |
| | 科技 | | | | | | | 科技 (2) | | | 科技 | | |
| | 健康與體育 | 健康與體育 (3) | | 健康與體育 (3) | | 健康與體育 (3) | | 健康與體育 (3) | | | 健康與體育 | | |
| | | | | | | | | | | | 全民國防教育 | | |
| 校訂課程 | 彈性學習／必修／選修／團體活動 | 彈性學習課程 2-4 節 | | 彈性學習課程 3-6 節 | | 彈性學習課程 4-7 節 | | 彈性學習課程 3-6 節 | | | 校定必修課程 選修課程 團體活動時間 彈性學習時間 | | |

注：括弧內為小學和中學的每週上課節數，高中則採學分制。
　　小學一節課是 40 分鐘，中學一節課是 45 分鐘。

　　我們再來看看小學的語文課程。如表1所示，所謂的部訂課程，也就是教育部所訂定的學習領域，規定小學的語文學習內容包含國語文、本土語文、新住民語文以及英語文。除了「國語文」課程，也教授「本土語文」，這是為了母語傳承及提升台灣主體意識所安排的，教授「英語文」則是為了與世界接軌，邁向國際化，至於新住民語文教育，本書第30課有詳細的說明，在此略過不談。

「國語文」指的是中文，每週有5到6堂課，上課時數最多。「本土語文」指的是台灣大多數人的母語，含閩南語、客家語以及原住民各族語，學童可從這些語言中擇一學習。英語教學也從小學開始，雖然課綱規定英語從三年級開始教授，但各校有彈性時間可以自由運用，不少小學也針對一、二年級學童開設英文課。

　　「國語文」課程是所有學習的基礎，「英語文」則與升學及將來的出路息息相關，因此多數家長鼓勵孩子學習，甚至還有家長在幼稚園階段就送孩子去雙語幼稚園。至於本土語言課程，有人認為攸關母語傳承的問題，積極鼓勵孩子學習，但也有人認為這對升學及未來出路沒有太大的幫助，而採消極的態度。

圖1　高雄捷運上的多語言問候語，可說是多語教育的副產物
（攝於2019年）

　　那麼，台灣的小學生喜不

圖2　台中市清水國民小學的越南語課

喜歡上本土語言課呢？有個小朋友告訴我，老師教他們唱歌、說話，而且沒有考試，所以覺得很輕鬆，還蠻喜歡的。

　　不考試，意味著語言的學習成果大打折扣，但如果因為考試過多增加學習負擔，而導致孩子討厭學習，也是本末倒置。多語教學看似容易，其實必須考量的問題不少，理想與現實之間的落差，使得課程安排需要多方考量，其難度超乎想像。

• 108 課綱資訊網 十二年国民基本教育「12 年国教／課程綱要——国民小学」(https://12basic.edu.tw/12about-3-2.php)。

単語表

| 単語＋注音符号 | 漢語拼音 | 日本語訳 |
|---|---|---|
| 西（公）元 | xī (gōng) yuán | 西暦 |
| 民國〜年 | mínguó 〜 nián | 民国（暦）〜年（中華民国が成立した1912 年を元年とする暦で、台湾では現在でも西暦と併用される。西暦の年数から 1911（辛亥革命勃発の年）を引くと民国暦となる） |
| 缺乏 | quēfá | 欠いている、不足する |
| 突破 | túpò（中：tūpò） | 突破、大きな進展、ブレイクスルー |
| 微調 | wéitiáo（中：wēitiáo） | 微調整（「調」は「調査」等の「diào」と発音が異なるので注意） |
| 略過不談 | lüè guò bù tán | 省略して触れない |
| 〜堂 | 〜 táng | ［量詞］〜コマ（学校の授業時間を数える） |
| 彈性 | tánxìng | 弾力性、融通が利くこと、フレキシブル |
| 針對〜 | zhēnduì 〜 | ［介詞］〜に対して、〜に焦点を合わせて、〜を対象に |
| 升學 | shēngxué | 進学する |
| 出路 | chūlù | 出口、活路、生きていく道、販路 |
| 息息相關 | xí xí（中：xī xī）xiāng guān | 密接に関わり合っている |

| | | |
|---|---|---|
| 幼稚園 (ヨウチエン) | yòuzhìyuán | 幼稚園（下記「幼稚園について」参照） |
| 攸關 (ユウカン) | yōuguān | 関わりがある |
| 鼓勵 (コレイ) | gǔlì | 励ます、激励する、奨励する、力づける |
| 大打折扣 (ダダセッコウ) | dà dǎ zhékòu | （「大いに割引する」から転じて、価値や効果等が）大幅に減少する |
| 討厭 (トウエン) | tǎoyàn | （人や物事を）嫌う、嫌がる、（人や物事が）嫌な気持ちにさせる、嫌な感じである |
| 本末倒置 (ホンマツトウチ) | běn mò dào（俗に「dǎo」とも）zhì | 本末転倒 |
| 看似～ (カンジ) | kànsì ～ | 一見～のようである |
| 考量 (コウリョウ) | kǎoliáng（中：kǎoliàng） | 考慮する、おもんぱかる |

※幼稚園について

中華人民共和国では「幼兒園（幼儿园）」と言うが、台湾では長らく「幼稚園」と呼称されてきた。しかし台湾でも、2013年の制度改革で従来の「幼稚園」と「托兒所」が統合され、正式には「幼兒園」と称するようになった。ただし日常的には、「幼稚園」という言い方もいまだに聞かれる。

# 文法解説

## (1) 可 ＋ [述語]

「可」は副詞として、述語を強調したり語気を強めたりする。

〔課文〕其實，這樣的課程架構，**可**不是最近才開始的。

→実のところ、こうした課程の枠組みは、決して最近になって始まったものではない。

〔作例〕對這次公演來說，他做出的貢獻**可**真大。

→今回の公演にとって、彼が成した貢献はとても大きい。


## (2) 還＋真／蠻 etc.＋［述語］

「還」は意外な事に対する感嘆の語気を表し、「真」（本当に）や「蠻」（なかなか）等の程度副詞と結び付くと、「結構」や「案外」といったニュアンスとなる。

〔課文〕老師教他們唱歌、說話，而且沒有考試，所以覺得很輕鬆，**還蠻**喜歡的。

→先生に歌うことや、話すことを教わって、しかも試験がないので、気楽に感じられて、結構好きだ。

〔作例〕她一個人負責這麼多工作，**還真**是了不起。

→彼女は一人でこんなに沢山の仕事を担当していて、本当に凄い。

　日本の学校教育では自国の言語について国語、即ち標準日本語のみを教えています。日本語の方言間の差異は中国語ほど大きくなく、聞いて理解できるものが多いですが、沖縄の琉球語と北海道のアイヌ語に関してはそうはいきません。台湾の本土言語教育の話を読んで、私は日本も琉球語とアイヌ語の教育を行い、これらの言語を守っていくべきだと思いました。また、教育の方法も教室内に限らず、田舎の学校と都会の学校をオンラインで繋いで定期的に訪問し合い、生徒達が一緒に方言を用いて交流したりゲームをしたりできるようにすれば、より良い学習効果を上げられるのではないかと思います。それから、多言語教育について2つ疑問があります。第一に、台湾人にとって多言語能力は成功の鍵となっているのでしょうか？　そういった能力は社会的に重要ですか？　第二に、本文で台湾にはバイリンガル教育を行う幼稚園があると書かれていますが、そこではどんな形式で教育が行われているのでしょうか？　効果は上がっていますか？

## 討論のタネ

1．本文にある「台湾の主体性」や「台湾の主体意識」といった言葉は、どのような意味で用いられているだろうか。

2．台湾の小学校でなされている言語教育についてどう思うか。日本（又は自国）の小学校と比較しながら、話し合ってみよう。

# 第二の扉

## 台湾華語とは？

# 11 中国語のもう一つの「標準」——台湾華語

## 中文的另一個「標準」——台灣華語

文／吉田真悟

**11** 很多外國人學習中文，一開始都是學中國的「普通話」，如果到台灣，將發現台灣的中文很不一樣。我第一次到台灣時，也有類似的經驗。記得有一次，我問朋友：「這裡有垃圾（lājī）箱嗎？」朋友卻丈二金剛摸不著頭緒，當時無法溝通的窘境，至今仍記憶猶新。在台灣，垃圾念作 lèsè，漢字寫法和我在課本上學

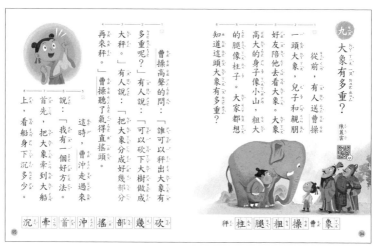

圖 1　台灣小學二年級『國語』課本（2020 年康軒版、康軒文教事業提供）

圖 2　教科書圖書館（台北市和平東路）壁面所展示的小學課本課文（攝於 2019 年），該課文自 1950 年代登場，使用時間長達半世紀，是許多台灣人的共同記憶。

到的完全一樣，發音卻大不相同，這實在出乎意料之外。

　　台灣華語和中國的普通話，最大的差異在於漢字的書寫方式和拼音的符號。中國使用簡體字和漢語拼音，台灣則使用繁體字（或叫正體字）和注音符號（請參照圖 1 和圖 2），這些都是一眼就可以辨識出來的差異，課本也會說明，所以抵達台灣之前，心裡已經有所準備。

　　然而，當我一到台灣，首先感受到的是發音的差異，最驚訝的莫過於捲舌音。例如「好吃」，老一輩的台灣人常唸成「hǎocī」，年輕人的發音則介於「chī」和「cī」之間，捲舌的特

徵並不明顯。捲舌音對外國學習者來說，可以說是非常棘手的，但到了台灣之後，可能會覺得：「當初幹嘛那麼辛苦…」。兒化音也一樣，常覺得台灣人說的「二」和「餓」聽起來沒什麼差別。這些特徵，不見得是台灣，其實中國南方也有，推測是各地方言沒有這些發音的緣故。此外，輕聲的發音較少，也是一大特徵，例如「東西」，這個單詞可以指方位，也可以指物品，兩者之間的差異，是以語尾是否為輕聲來辨識，可是，無論是哪一個，台灣人都唸成第一聲。

有趣的是，儘管一般人說話有上述特徵，但電視主播或電視節目的中文配音就不一樣了，他們的發音幾乎和教科書一樣。台灣的中文，原本是中華民國在中國大陸時所制定的國語，所以台灣也繼承了過去的傳統，捲舌音和輕聲都是存在於教科書的標準發音。

只是，教科書的標準發音也有不少和中國不同的地方，這是因為漢字讀音的制定標準不同，如前述的垃圾就是一例。聲調的差異也很常見，例如「星期」的「期」，中國是第一聲，台灣則是

第二聲，這並非坊間錯誤的發音，而是台灣國語辭典記載的標準發音。兩者之間的差異，推測是中華人民共和國成立後，其語言標準化的過程中所產生的。

再談到文法，也有一些不同。最常見的是助動詞「有」的用法，例如：「我有去過日本」「你有在看嗎？」「有」置放在動詞前，表示強調，中國則沒有這種用法。因為台語也有類似的用法，推測是受到台語的影響所產生的語言變化。

如上所述，同樣是中文，台灣和中國確實有不少差異，學習者常感到困惑，但這就像美國和英國的英語或西班牙和中南美的西班牙語，世界上的語言，往往有不同的「標準」。這些語言，基本上沒有溝通的問題，所以並不需要限制自己只能學習其中一種，依個人的興趣及目的，從中選擇發展出個人特色也是不錯的。

**參考資料**

• 樋口靖（2018）『デイリー日本語・台湾華語・英語辞典』東京：三省堂。

| 単語＋注音符号 | 漢語拼音 | 日本語訳 |
|---|---|---|
| 一開始 | yì kāishǐ | 当初は、初めの内は |
| 垃圾 | lèsè（中：lājī） | ごみ |
| 丈二金剛摸不著頭緒 | zhàng'èr jīngāng mōbùzháo（中：mōbuzháo）tóuxù | さっぱり訳が分からない、見当がつかない |
| 窘境 | jiǒngjìng | 苦境、窮地 |
| 實在 | shízài | [副詞] 実に、本当に |
| 出乎意料之外 | chūhū yìliào zhīwài | 予想に反して、意外にも |
| 辨識 | biànshì（中：biànshí） | 見分ける、識別する |
| 抵達 | dǐdá | 到着する |
| 首先 | shǒuxiān | [副詞] まず初めに、真っ先に |
| 驚訝 | jīngyà | （意外な事に）驚く |
| 莫過於～ | mòguòyú ～ | ～に越したことはない、～に勝るものはない |
| 棘手 | jíshǒu | 手を焼く、手に余る |
| 幹嘛 | gànmá | [疑問詞] なんで、どうして、何をするのか（「幹什麼」の縮約形。不満や訝り等の主観的感情を伴うことが多い） |
| 差別 | chābié | 違い、区別、隔たり |
| 主播 | zhǔbò（俗に zhǔbō とも、中：zhǔbō） | ニュースキャスター、アナウンサー |

| | | | |
|---|---|---|---|
| 原本 | yuánběn | ［副詞］本来、元々 |
| 常見 | chángjiàn | よく見掛ける、ありふれている |
| 坊間 | fāngjiān | 街中、巷間、坊間、ちまた |
| 確實 | quèshí | ［副詞］確かに、間違いなく |
| 限制 | xiànzhì | 制限する |

# 文法解説

## (1) ～（A［主語］＋）卻＋B［述語］

　予想や前の内容に反して、「～だけど／にもかかわらず（Aは）Bである」の意を表す。「雖然」や「但」等の逆接の接続詞と一緒に用いられることもある。

〔課文〕我問朋友：「這裡有垃圾（lājī）箱嗎？」朋友卻丈二金剛摸不著頭緒
　→私は友人に「這裡有垃圾（lājī）箱嗎？」と尋ねたのだが、友人は何の事やらさっぱり分からないという感じで

〔課文〕漢字寫法和我在課本上學到的完全一樣，發音卻大不相同
　→漢字の書き方は教科書から学んだものと完全に一緒なのに、発音が全く異なり

〔作例〕政府採取了一切可能採取的措施，但目前卻沒有效果。
　→政府が講じ得る限りのあらゆる措置を講じているにもかかわらず、今のところ効果が出ていない。

## (2) A［動詞］＋起來（～）

　「Aしたところ／してみると（～）」の意味を表す、複合方向補語の派生用法。

〔課文〕兒化音也一樣，常覺得台灣人說的「二」和「餓」聽**起來**沒什麼差別。

→アル化音も同じで、台湾人の話す「二」と「餓」は聞いたところ何の違い
　もないように感じることがよくある。

〔作例〕那道菜雖然看**起來**不好看，吃**起來**卻很好吃。

→その料理は見た感じは良くないが、食べてみると美味しい。

## 大学生の声

　アメリカ英語とイギリス英語の2つは互いによく似ていて、それほど大きな違
いはありません。英語を勉強する時にも、どちらかを選択しないといけないとい
うことはなく、どちらで話しても問題ありません。けれども中国語を学ぶ際に、
学生が捲舌音を正しく発音できなかったり、台湾訛りの中国語を話したりすると、
多くの先生は標準的でない発音として矯正します。台湾訛りの中国語も中国語な
のに、どうしてなのでしょうか。台湾人の話す中国語から受ける印象について、
私の中国人の友達には可愛い感じがするという人が多いのですが、台湾人自身は
どう思っているのでしょうか？ また、台湾人には標準的な中国語に良い印象を
持たない人もいるのではないかと思うのですが、実際にはどうなのでしょうか？

## 討論のタネ

1．中国語や他の言語を学習する中で、教室や教科書で学んだ事と実際に人々
　が話す言葉の間にずれを感じた経験はないだろうか。そうしたずれが生じる
　背景について考えてみよう。

2．自分の興味や目的に合わせて発音を選ぶという筆者の提案についてどう思
　うか、話し合ってみよう。

# MEMO

# 「国語」か？ それとも「華語」か？
## 是「國語」？ 還是「華語」？

文／吉田真悟

在台灣，常有人稱讚我：「你國語講得好好喔！」「你的國語好標準喔！」我心裡想，這當然是客套話，但我最初的第一個反應是：「我的『國語』應該是日語啊，怎麼會是中文？」日本人也使用「國語」這個詞彙，日常生活中，最常用的是學校國語課的課程名稱，但我們絕不會對外國人說：「你的國語真好」。

台灣人一般將所謂的標準中文稱為「國語」。但事實上「國語」一詞的原意是「national language」，也就是「國家語言」的意思，並非特定語言的專有名詞。然而，戰後台灣，標準中文取代日語成為國家語言，因此，日常生活中，台灣人常將兩個詞彙混為一談，這個現象使得「中文」等同「國語」，兩者甚至變成同義詞。

儘管一開始聽到朋友稱讚我的「國語」很好時，常覺得不自

在，但朋友們使用的頻率實在太高，久而久之，我也習慣了。漸漸地，我也常常脫口說出：「我講國語的時候……」這時，反而是朋友提醒我：「你的國語不是中文喔！」我忍不住在心中嘀咕著說：「還不都是你們害的」。

從我的朋友的反應來看，台灣人所說的「國語」，雖然大多情況下等同「中文」，但我覺得同時也包含「國家語言」的概念，並非專指「中文」。事實上，台灣人教授外國人中文時，一般稱之為「華語」教學，而不說「國語」教學。但在中國，對外國人教授中文時，稱之為「漢語」教學。若在台灣使用「漢語」，一般聯想到的是歷史或語言學中的「漢民族語言」，而不是「現代標準中文」。由此，我們似乎可以歸納出一個結論——台灣人自己使用時，稱之為「國語」，用在外國人身上時，稱之為「華語」，但真的是這樣嗎？

其實，也不盡然。近幾年來，台灣國內有不少人主張將「國語」一詞改為「華語」，原因在於，台灣話（又稱閩南語）、客家話、原住民族語等各種「台灣本土語言」地位提升，這個現象讓

大家重新思考單獨將中文定義為「國語」是否正確。因此，2008年修改課綱（中小學九年一貫課程綱要）時，曾經將「國語」科目名稱改為「華語」，但後來因為出現反對意見，使得 2011 年修改課綱時，又再度回到「國語」一詞。

　　自身平常使用的語言，究竟應該怎麼稱呼？名稱的爭議，往往牽涉到身分認同的問題，因此台灣人特別在乎。2019 年，台灣公布實施了「國家語言發展法」，強調各種語言的公平性，這將加速語言和身分認同的討論機會，而未來的動向，也是值得關注的，讓我們拭目以待。

**參考資料**

• 林初梅（2018）「国語と母語のはざま──多言語社会台湾におけるアイデンティティの葛藤」『LANGUAGE AND LINGUISTICS IN OCEANIA』Vol. 10、pp. 1-20。

| 単語＋注音符号 | 漢語拼音 | 日本語訳 |
|---|---|---|
| 標準 | biāozhǔn | 標準的である |
| 客套話 | kètàohuà | 社交辞令、丁寧な決まり文句 |
| 專有名詞 | zhuānyǒu míngcí | 固有名詞 |
| 取代 | qǔdài | 取って代わる |
| 混為一談 | hùn wéi yì tán | いっしょくたにする、同列に論じる |
| 等同 | děngtóng | 同じくする、同列に扱う |
| 不自在 | bú zìzài | 苦しい、居心地が悪い |
| 脱口說出 | tuō kǒu shuō chū | 口をついて出る、口から出任せを言う |
| 提醒 | tíxǐng | 指摘して気づかせる、注意を促す、リマインドする |
| 嘀咕 | dígu（俗に「dígū」とも） | ひそひそ話をする、陰でこそこそ言う |
| 害 | hài | 害を与える、（～の）せいである |
| 包含 | bāohán | （主に意味や概念等の抽象的なものを）含む、包含する |
| 事實上 | shìshíshàng | [副詞] 実際に（は）、事実、実質的に |
| 若～ | ruò ～ | [接続詞] もし～ならば（話し言葉の「要是」や「如果」に当たる） |
| 其實 | qíshí | [副詞] 実は、実のところ |
| 不盡然 | bújìnrán | 必ずしもそうとは限らない |
| 重新 | chóngxīn | [副詞] 新たに、改めて、もう一度 |

12

| 課綱 | kègāng | 課程綱要（「課程綱要」の略で、日本の学習指導要領に当たる） |
|---|---|---|
| 牽涉 | qiānshè | 関連する、影響する、波及する |
| 拭目以待 | shì mù yǐ dài | 注意して待つ、刮目して待つ |

# 文法解説

## （1）（A [主語] ＋）還不＋B [述語]（反語文）

「（Aは）Bじゃないか（＝Bだろう）」という反語文。Aが二人称の場合には、「Bしないか（＝Bしろ）」という命令の意味にもなる。ここでの「還」は、「まだ／それでも（～か）」と反語を強める働きをしている。

〔課文〕**還不**都是你們害的
　→全部あなた達のせいじゃないか（＝あなた達のせいだ）

〔作例〕老師特地來找你了，你**還不**快打招呼！
　→先生がわざわざ会いに来てくれたぞ、早く御挨拶しないか（＝御挨拶しろ）！

## （2）將＋A [動詞]

間もなく起きる事や未来についての推測を表し、「Aするだろう」の意。書き言葉で用いる。

〔課文〕這**將**加速語言和身分認同的討論機會
　→これが言語とアイデンティティの議論を加速することになろうから

〔作例〕透過這些方案，國家經濟**將**持續發展。
　→これらの施策を通じて、国の経済は引き続き発展するだろう。

私は大学一年生の頃はいつも、「我學習漢語」といっていました。その後何人かの友人と一緒に台湾に行った時、一人の先輩が台湾では普通「華語」とか「國語」と言って、「漢語」とは言わないと教えてくれました。その時は「その3つはどう違うんだろう？」とか、「『国語』はどういう意味で使われているんだろう？」等と疑問に思っていましたが、暫らくすると、私も台湾人が確かに「國語」と言っていて、「漢語」という言葉は使わないことに気づきました。それ以来、「漢語」、「中文」、「華語」、「國語」のうちどれを選ぶのが正しいのか、ずっとよく分からずにいますが、個人的には「中国語」と言いたい時には「中文」と言えばよい気がするので、あまり考え過ぎないようにしています。

## 討論のタネ

1．台湾において、中国語を「国語」と呼ぶことを支持する人々と、「華語」と呼ぶことを主張する人々は、それぞれどのような考えに基づいているのだろうか。

2．中国語は世界各地で使用されているが、本文で述べられている台湾の例のように、地域や文脈により様々な名前で呼ばれている。それらを整理して、どのような違いがあるか考えてみよう。

# 13 繁体字こそが「正体字」？──台湾の漢字

## 繁體字才是「正體字」？──台灣的漢字

文／吉田真悟

　　台灣華語和中國的普通話，最大的不同在於漢字。我有個台灣朋友和中國朋友曾經為此發生爭執，兩人各自主張自己的漢字才是理想的，爭論過程雖然平和，但互不相讓。當時，台灣朋友所持的論點是：簡體字的「爱」，沒有心，那怎麼能說是愛啊！

　　確實，簡體字的「爱」，下面簡化，只剩下「友」，「心」不見了。文字的優劣，雖然不能如此判斷，但這個說法，講得很妙，真是一針見血。身為日本人，我常常覺得有些簡體字簡化得太過分，因而失去文字的意義和美感，例如「飛」變成「飞」，彷彿只剩單邊的機翼。可是像「龜」、「壽」般的繁體字，也令我頭痛，因為怎麼記也記不起來。

　　漢字字體出現差異，並非年代久遠的事情，而是二戰後所發生的事。過去，漢字文化圈的國家，包含日本，大多使用繁體字，

直到中華人民共和國採用簡體字，日本採用新字體，字體分歧的現象才越來越顯著。

近代以來，漢字圈國家面臨漢字筆畫過度繁雜、影響學習成效的問題，而嘗試各種解決方案。台灣也曾經為提升識字率，而在1950年代提出漢字簡化改革方案，時任總統的蔣介石曾一度表示同意，但1950年代末期卻出現政策大轉彎，改為禁止使用簡體字，想必是中國先一步制定簡體字的關係。當時，台灣為了對抗中國，強調中華民國才是正統中華文化的繼承者，而繁體字正是傳統文化的象徵，恰好能做為強調正統的工具。也因此，台灣將繁體字稱為「正體字」，以表示正統。前述台灣朋友和中國朋友的爭執，大概就是文字政策分歧所造成的結果！

不過，台灣人雖然堅持使用繁體字，但也有一些例外。例如「台」的繁體標準字體雖然是「臺」，但書寫時使用「台」的人也不少。嚴格說來，繁體字是以清代所編的《康熙字典》為標準，但《康熙字典》中含有相當多的異體字和俗字，字體也因不同時期、不同地區而有所差異，所以同一個漢字可能出現不同的寫

法。舉例而言，「澀」這個字，戰前的日本，多用舊字體「澁」，之後改成新字體「渋」；而這個字，在台灣寫做「澀」，在中國則簡化為「涩」。

不可諱言，繁體字最大的問題是筆畫繁雜，這也是近代以來最大的課題，現任總統蔡英文還曾因為將「臺」寫錯，而遭媒體批判。但近年來，打字輸入逐漸取代傳統手寫的方式，筆畫繁雜已經不再是問題。加上繁體字逐漸由過去中華文化傳統的象徵，化身為台灣認同的符碼，繁體字異於中國簡體字的特點反而是建構認同的重要元素之一。也因此，先不談好惡的問題，如果你想交台灣朋友或理解台灣華語，還是必須學會繁體字的。

**參考資料**

- 村田雄二郎／C. ラマール編（2005）『漢字圏の近代──ことばと国家』東京：東京大学出版会。
- 森田健嗣（2008）「1950 年代台湾における「失学民衆」への「国語」補習教育──元「日本人」の「中国化」の挫折」『日本台湾学会報』第 10 号、pp. 39-54。

| 単語＋注音符号 | 漢語拼音 | 日本語訳 |
|---|---|---|
| 争ㄓㄥ執ㄓ | zhēngzhí | 言い争って譲らない、論争する |
| 平ㄆㄧㄥ和ㄏㄜ | pínghé | 穏やかである、落ち着いている（日本語における名詞としての「平和」には「和平」を用いる） |
| 不ㄅㄨ見ㄐㄧㄢ了ㄌㄜ | bújiàn le | 無くなった、見えなくなった、姿を消した |
| 妙ㄇㄧㄠ | miào | 素晴らしい、絶妙である、巧妙である |
| 一ㄧ針ㄓㄣ見ㄐㄧㄢ血ㄒㄧㄝ | yì zhēn jiàn xiě | 端的に要点を言い当てる |
| 身ㄕㄣ為ㄨㄟ～ | shēnwéi ～ | ～（の身）として |
| 過ㄍㄨㄛ分ㄈㄣ | guòfèn | 度を越している、酷い |
| 久ㄐㄧㄡ遠ㄩㄢ | jiǔyuǎn | 長く久しい、久遠 |
| 大ㄉㄚ多ㄉㄨㄛ | dàduō | ［副詞］大部分、大方 |
| 面ㄇㄧㄢ臨ㄌㄧㄣ | miànlín | 面している、直面している |
| 嘗ㄔㄤ試ㄕ | chángshì | 試みる、試してみる |
| 表ㄅㄧㄠ示ㄕ | biǎoshì | （言葉や行動で）表す、示す、述べる、（物事が）物語る |
| 轉ㄓㄨㄢ彎ㄨㄢ | zhuǎnwān | 曲がり角を曲がる、転換する |
| 堅ㄐㄧㄢ持ㄔ | jiānchí | 堅持する、固執する、諦めずに続ける |
| 不ㄅㄨ可ㄎㄜ諱ㄏㄨㄟ言ㄧㄢ | bù kě huì yán | 包み隠さずに言う、直言する |
| 媒ㄇㄟ體ㄊㄧ | méitǐ | 媒体、メディア |
| 輸ㄕㄨ入ㄖㄨ | shūrù | 入力する（日本語の「輸入」の意味で使われる場合には、資本や労働力といった抽象的なものを指すことが多く、具体的な物品には主に「進口」を用いる） |

13

| 加<sub>ㄐㄧㄚ</sub>上<sub>ㄕㄤ</sub> | jiāshàng | ［接続詞］その上、更に |
|---|---|---|
| 好<sub>ㄏㄠ</sub>惡<sub>ㄨ</sub> | hàowù | 好き嫌い（「良い／悪い」の「hǎo/è」とはそれぞれ発音が異なるので注意） |
| 必<sub>ㄅㄧ</sub>須<sub>ㄒㄩ</sub>〜 | bìxū 〜 | ［副詞］必ず〜しなければならない |

# 文法解説

## （1）［疑問詞］〜（A［主語]）＋也／都＋B［述語]

例外が無いことを表し、「〜でも（Aは）全て／必ずBである」の意。

〔課文〕因為怎麼記**也**記不起來。
　→なぜならどう覚えようとしても覚えられないからだ。

〔作例〕遇到什麼困難他**都**不放棄。
　→どんな困難にぶち当たっても彼は諦めない。

## （2）〜 的關係／緣故

原因や理由を表し、「〜であるから／のせい」の意。文頭の「因為」や「由於」と呼応して用いられることもある。

〔課文〕想必是中國先一步制定簡體字**的關係**。
　→恐らく中国が一歩先に簡体字を制定したためであろう。

〔作例〕因為那個事件**的緣故**，他們的感情明顯惡化了。
　→その事件のせいで、彼らの仲は明らかに悪化した。

台湾の繁体字と日本語の字体は比較的近いと感じています。一年生で簡体字を学んだ時は、字形を覚えて書けるようになるのにとても時間が掛かりましたが、もし初めから台湾の繁体字を学んでいたら、もっと楽だったのではないかと思います。ただ私は今もう三年生で、中国の簡体字に慣れてしまったので、そこから台湾の繁体字を学ぶのには、実際のところ少し難しさもあります。けれども、この文章で言っている通り、台湾人と交流しようとするならば、繁体字で書かれた台湾華語の文章を少なくとも読めるようにする必要があると思います。

## 討論のタネ

1．繁体字派と簡体字派に分かれて、それぞれの長所・短所について討論してみよう。

2．あなたは文字の字体や綴りについて、こだわりや普段気をつけている事があるだろうか。例えば自分の名前を書く際に、漢字の字体やローマ字表記等に関して気にしている事があれば、話し合ってみよう。

# 14 台湾人の謎の暗号——注音符号

## 台灣人的神秘暗號——注音符號

文／吉田真悟

這是一個關於台灣留學生的故事。

二十多年前的某一天，在日本某個小鎮念書的一個台灣留學生，約了台灣朋友到宿舍小聚，但卻臨時有事不得不外出。在沒有手機可以聯絡的時代，想要通知到訪朋友幾點會回來，困難重重。這個留學生無計可施，唯一想到的方法是在門外張貼一張以注音符號所寫的留言。日本雖然治安不錯，多少還是會擔心，如果寫漢字，即便是繁體字，中國人一定可以明白，同樣是漢字文化圈的日本人，大概也可以猜出部分內容。唯有注音符號，只有台灣留學生可以看得懂，小鎮的台灣人屈指可數，注音符號彷彿成了台灣人之間的神秘暗號。

台灣使用的注音符號是一種標示發音的符號，公布於1918年。當時中華民國已經成立，字形來自古漢字及篆書。注音符號

和一個字母一個音素的羅馬拼音不同，也和一個假名一個音節的日語假名不同。舉個例子來說，「wan」是由三個音素的字母所組成的，但只有一個音節，以注音符號「ㄨㄢ」表記時，只用了兩個符號，這是源自漢語音韻學的傳統。實際書寫的時候，就如以下的表記方式，一般來說是標在漢字的右邊，而且是採取直寫的方式。

臺ㄊㄞˊ 灣ㄨㄢ

同是使用中文的中國，採用的拼音是中華人民共和國成立以後所制定的羅馬拼音，一般稱為「漢語拼音」。而注音符號，則因為中華民國撤退到台灣，而得以留存下來，至今在台灣

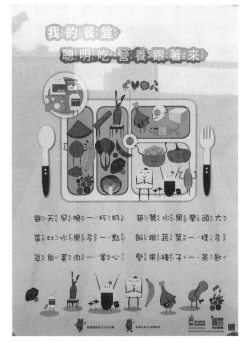

圖1　小學布告欄的宣導海報常標上注音
（2020 年攝於新北市大豐國小）

仍廣為使用，主要是用在初等教育教授漢字時的輔助工具，這與日語假名的教學方式很類似。一般外國人學習中文，則大多學習漢語拼音，台灣教授華語的教材雖然將兩種並列，但大多利用漢語拼音教授外國人。

也因此，有些人覺得注音符號和外國人沒什麼太大的關係，其實不盡然，因為在台灣使用電腦輸入時，還是免不了要用到注音符號。台灣電腦的鍵盤操作或手機的中文輸入，基本上是以注音符號為主流，例如使用學校或圖書館的檢索系統時，如果不知道注音符號，常常不知如何是好。幸好，有些電腦或手機可以將設定更改為漢語拼音，所以也不是沒有方法可循。

台灣的注音符號，不要說中國沒有使用，世界其他各國也找不到一個廣為使用的地方，注音符號可以說是台灣獨特的文字、符號，台灣留學生將其視為暗號來使用，也是利用這項特點。因此，注音符號出現了與台灣人認同相結合的傾向，台灣與中國之間，只有繁簡字體的文字識別是不夠的，這種情況下，對不太會說台語的年輕人而言，欲透過語言凸顯自身的特性時，注音符號

不失為一個象徵兩者之間差異的符碼。

　　對外國人來說，這個陌生的符號，即便沒學會，在台灣依然能夠過得好好的，但若想要進一步了解台灣人或深入台灣的世界，注音符號還是值得學習的，更何況，它並沒有想像中難。

**参考資料**

• ニッポンドットコム「台湾の若者で「注音符号」が愛されているわけ」（https://www.nippon.com/ja/column/g00536/）。

14

**単語表**

| 単語＋注音符号 | 漢語拼音 | 日本語訳 |
|---|---|---|
| 神秘<br>（神祕） | shénmì | 神秘的である、不思議である |
| 念書<br>（唸書） | niànshū | 勉強する、本を（声に出して）読む |
| 約 | yuē | 誘う、招く、約束する |
| 不得不〜 | bùdébù 〜 | 〜せざるを得ない |
| 到訪 | dàofǎng | 訪問する、訪問先に着く |
| 重重 | chóngchóng | （幾重にも重なり合う様。「重」は「重い」の「zhòng」と発音が異なるので注意） |

| 無計可施 | wú jì kě shī | なす術がない、手の施しようがない |
|---|---|---|
| 猜 | cāi | （謎や答えを）当てる、推量する |
| 屈指可數 | qū zhǐ kě shǔ | 指折り数えて足りる（数が少ないことの喩え。「數」は「數量」等の「shù」と声調が異なるので注意） |
| 篆書 | zhuànshū | 篆書（秦代以前に使われた漢字の書体で、後の隷書や楷書の元となった） |
| 標 | biāo | 標示する、印を付ける |
| 直 | zhí | 縦、真っ直ぐ |
| 免不了 | miǎnbùliǎo（中：miǎnbuliǎo） | 免れない、避けられない |
| 鍵盤 | jiànpán | 鍵盤、キーボード |
| 系統 | xìtǒng | 系統、システム、系列 |
| 幸好 | xìnghǎo | ［副詞］幸いにも、運良く |
| 更改 | gēnggǎi | 変える、変更する（「更」は「更に」の「gèng」と声調が異なるので注意） |
| 循 | xún | 従う、沿う |
| 凸顯 | túxiǎn（中：tūxiǎn） | はっきりと見える、浮かび上がる |
| 陌生 | mòshēng | よく知らない、不案内である、見知らぬ |

# 文法解説

## (1) 即便 〜，…

　書き言葉に用いて「たとえ〜でも、…」の意を表し、「即使」や「就算」に同じ。後半の文に「也」や「依然」といった副詞が呼応して用いられることが多い。

〔課文〕如果寫漢字，**即便**是繁體字，中國人一定可以明白，同樣是漢字文化圈的日本人，大概也可以猜出部分內容。
　→もし漢字で書いたなら、たとえ繁体字であっても、中国人にはきっと分かるだろうし、同じく漢字文化圏に属する日本人も、恐らく部分的には内容を推測できてしまうだろう。

〔課文〕對外國人來說，這個陌生的符號，**即便**沒學會，在台灣依然能夠過得好好的
　→外国人にとって、この見知らぬ符号は、仮に習得していなくとも、台湾では十分に暮らしていけるが

## (2) A［1音節］＋為＋B［2音節動詞／形容詞］

　「為」は主に書き言葉で接尾辞として副詞を形成し、2音節の動詞または形容詞を修飾して、「AにBする／Bである」の意を表す。Aには「廣」（広く）、「極」（極めて）、「最」（最も）等の漢字1字が入る。「為」は「為了（wèile）」等と異なり、「wéi」と第二声で発音されるので注意。

〔課文〕而注音符號，則因為中華民國撤退到台灣，而得以留存下來，至今在台灣仍廣**為**使用
　→一方で注音符号は、中華民国が台湾に撤退したことで、その後も存続することが可能となり、台湾では今でもなお広く使用されている

〔作例〕隨著台灣飲茶文化的推廣，珍珠奶茶成了國際上極**為**知名的台灣飲品。
　→台湾の喫茶文化の普及推進に伴って、タピオカミルクティーは国際的に極

めて有名な台湾の飲み物となった。

　日本の大学で中国語を勉強すると、大抵は中国の漢語拼音だけしか学ぶことが
なく、台湾の注音符号に接する機会は滅多にありません。私は台湾へ留学に行き、
学校の図書館で資料を探す時に、注音符号を知らないために検索ができず、ちょっ
と厄介だった記憶があります。幸い図書館の方が親切で代わりに調べてくれたの
ですが、ずっと頼ってばかりもいられないので、機会があれば注音符号を勉強し
てみたいと思っています。また、こうした暗号のような記号を使えるようになる
と、自慢にもなる気がします。

## 討論のタネ

1．本文冒頭で紹介された例のように、わざと他人に分からせないための「暗
　号」を使った経験がないか、話し合ってみよう。

2．あなたが台湾に留学したとしたら、華語の授業で注音符号を学びたいと思
　うだろうか。外国人が台湾で生活するに当たり、注音符号を学習する必要性
　について、話し合ってみよう。

# MEMO

14

# 15 台湾華語の前身——「標準国語」の規範

台灣華語的前身——「標準國語」的規範

文／林　初梅

　　曾經有位日本學生問了我一個意想不到的問題：「台灣為什麼在中華人民共和國成立後將華語引進台灣？」這個問題，顯示出年輕世代的學生對東亞近現代史以及台灣與中國之間的關係理解不夠，導致他們誤以為台灣華語的歷史比中國普通話來得晚。在此，要談談台灣華語的前身，也就是 1912 年中華民國建國後，國民黨在中國制定所謂「標準國語」的歷史。

　　國民黨政府 1949 年遷台以前，已經在中國制定「國語」，對發音及文字等有所規範，這個過程可以參考《國語運動百年史略》(2012) 一書。該書指出民國初年的中國各地存在各種方言，國民黨政府為了選定國語的標準發音，1910 年代曾以投票方式，從不同的方言發音中挑選標準音，結果各地代表一人一票所選出的「人工國音」招來不少反對意見，甚至發展成「國音語言論

戰」。

　　論戰持續發展的過程中，與「標準國語」比較相關的，當屬1932年由教育部長朱家驊所發布的「教育部布告第3051號」。該布告宣布啟用《國音常用字彙》（1932）一書中以北京音為標準國音的構想。自此，中華民國的語言規範才脫離1920年代的國音語言論戰，正式進入標準化。

　　1945年日本戰敗，國民黨政府接收台灣之後，為推行所謂的「標準國語」，設置了台灣省國語推行委員會，並以來台前所制定的《國音常用字彙》為準則，還編輯了《國音標準彙編》（1947）。台灣行政長官陳儀甚至宣布一切注音讀物，應以《國音標準彙編》做為標準化的參考依據。

　　換言之，這本書對台灣的中文影響深遠，這不僅是日後台灣推行國語教育的重要依據，也是今日大家所熟悉的繁體字及注音符號的源流。1949年，國共內戰失利的國民黨節節敗退，雖然撤退到台灣，但為維護其代表中國的正統性，而選擇延續傳統，堅守《國音常用字彙》的規範。

來台之後的國民黨，一度因簡化漢字有助於提升學習效率，內部也有簡化漢字的聲浪，但國、共不兩立的政治立場，讓國民黨政府始終不願意與 1950 年代推行文字改革的中華人民共和國同調，也因此台灣的標準國語始終使用繁體字及注音符號。此後，直到 1980 年代末期冷戰結束以前，台灣與中國之間無法自由往來，彼此沒有交流的機會與空間，也沒有互相影響的可能性。

今日台灣華語的不少詞彙，延續了民國初期國民黨在中國制定的標準，因此自始便與 1950 年以後進行文字改革、語言規範的中國有諸多不同。此外，除了繁體字與注音符號之外，詞彙發音也有些許的差異，例如：研究（台：yánjiù，中：yánjiū）、認識（台：rènshì，中：rènshi）、垃圾（台：lèsè，中：lājī）、質量（台：zhíliàng，中：zhìliàng）等單詞。

長久受此國語教育成長的台灣人，在不知不覺中延續了「標準國語」的規範，使得繁體字與注音符號成了今日台灣華語與中國的文字表記、拼音表記的最大差異。

因此，台灣華語與中國的普通話，兩者之間的差異，來自國、

共之間不同的語言規範，以及冷戰結束前數十年不曾交流的歷史

背景。換句話說，國民黨政府在中國所制定的語言規範以及遷台

後與台灣本土語言的接觸，是今日台灣華語形成的兩大主因。

**参考資料**

- 世界華語文教育会編（2012）『国語運動百年史略』台北：国語日報。
- 菅野敦志（2012）『台湾の言語と文字——「国語」・「方言」・「文字改革」』東京：勁草書房。

**単語表**

| 単語＋注音符号 | 漢語拼音 | 日本語訳 |
| --- | --- | --- |
| 意ㄧˋ想ㄒㄧㄤˇ | yìxiǎng | 想像する、予想する |
| 引ㄧㄣˇ進ㄐㄧㄣˋ | yǐnjìn | 導入する、引き入れる |
| 顯ㄒㄧㄢˇ示ㄕˋ | xiǎnshì | はっきり示す、明らかに示す |
| 導ㄉㄠˇ致ㄓˋ | dǎozhì | （悪い結果を）導く、招く、引き起こす |
| 挑ㄊㄧㄠ選ㄒㄩㄢˇ | tiāoxuǎn | （適切なものを）選ぶ、選抜する（「挑」は「挑戦」等の「tiǎo」とは声調が異なるので注意） |
| 當ㄉㄤ屬ㄕㄨˇ～ | dāng shǔ ～ | ～であろう、当然～である |
| 啟ㄑㄧˇ用ㄩㄥˋ | qǐyòng | 初めて使用する、使用を開始する、新たに採用する |
| 脫ㄊㄨㄛ離ㄌㄧˊ | tuōlí | 離脱する、抜け出す、（関係を）断つ |

| | | |
|---|---|---|
| 進入 jìn rù | jìnrù | 入る、進出する |
| 推行 tuī xíng | tuīxíng | 推進し普及させる |
| 編輯 biān jí | biānjí | 編集する |
| 換言之 huàn yán zhī | huàn yán zhī | 言い換えれば、換言すれば |
| 失利 shī lì | shīlì | （戦いや試合に）負ける |
| 節節 jié jié | jiéjié | どんどん、次々、段々 |
| 有助於～ yǒu zhù yú | yǒuzhù yú ～ | ～の助けになる、～に役立つ |
| 聲浪 shēng làng | shēnglàng | （多くの人の）声、叫び、どよめき |
| 自始 zì shǐ | zì shǐ | 初めから、元より |
| 便 biàn | biàn | ［副詞］もう、すぐに（前の内容からの接続を表し、話し言葉の「就」に当たる） |
| 不知不覺 bù zhī bù jué | bù zhī bù jué | 知らず知らず |
| 換句話說 huàn jù huà shuō | huàn jù huà shuō | 言い換えれば、言い方を換えると |

# 文法解説

## (1) A [動詞] ＋ 到 ＋ B [目的語]

「到」は結果補語として、動作AがBまで到達することを表す。日本語訳は動詞によって様々であり、特に訳出しない方が自然な場合もある。

〔課文〕曾經有位日本學生問了我一個意想不**到**的問題
　→以前日本の学生からある思いがけない質問を受けたことがあった

〔課文〕1949 年，國共內戰失利的國民黨節節敗退，雖然撤退**到**台灣
　→ 1949 年、国共内戦に敗れた国民党はずるずると敗走し、台湾にまで撤退し

たけれども

〔作例〕若那家企業倒閉了就會影響**到**世界的經濟。
　→もしその企業が倒産したら世界経済に影響が及ぶ。


## (2) 願意＋A [動詞]

「Aすることを望む」、「Aしたい」の意。「願意」は願望や意志を表す助動詞
だが、文脈から想定される選択肢を自ら望む、というニュアンスを持つ点が、
「想」や「要」等と異なる。

〔課文〕來台之後的國民黨～，內部也有簡化漢字的聲浪，但國、共不兩立的政
　治立場，讓國民黨政府始終不**願意**與1950年代推行文字改革的中華人民共和國
　同調
　→来台後の国民党も～、内部に漢字簡略化の声があったが、国・共両立せず
　　という政治的立場のために、国民党政府は1950年代に文字改革を進めた中
　　華人民共和国と同調することを終始望まなかった

〔作例〕今晚我們去聚餐，你**願意**來嗎？
　→今晚私達は会食に行くけど、あなたは来たい（来る気がある）？

### 大学生の声

　明治時代の日本は東京の発音を選んで標準語とし、中国は北京語を標準語とし
たというのは、どちらも一つの地方の言葉を標準発音としているという点で、両
者はとてもよく似ています。しかしこの文章を読み、標準発音を決める方法とし
て、各地の代表が一人一票を投じて「人工国音」を選定するというやり方もある
ということを知りました。私はこの方法がとても面白いと思ったので、何故後に
なくなってしまったのかが気になります。そうした方法は普及させていく上で困
難があったのでしょうか？

15

# 討論のタネ

1．本文の内容を踏まえ、台湾華語と中国の普通話の関係は今後どのように変化していくと考えられるだろうか。

2．各地の代表が投票の形で「人工国音」を選定するというやり方は、何故反対意見が多かったのだろうか。日本（又は自国）で標準語が制定された過程と比較しながら、考えてみよう。

# MEMO

# 16 拼音百景──台湾華語のローマ字表記
## 拼音奇景──台灣華語的羅馬字表記

文／林　初梅

　　搭乘台北捷運，會發現台北捷運的站名，除了漢字之外，也標示著羅馬字。在海外學習過中國「漢語拼音」的外國人，一定很熟悉這些符號，但這些羅馬字對台灣人來說，其實會用的人不多，標上「漢語拼音」，只是為了國際化，只是為了服務外國人。

　　可是，大概也有人發現，怎麼有些地方的羅馬字和「漢語拼音」的規則不同。例如台北捷運淡水線的「淡水」站，標的是「Tamsui」（圖1），搭乘高鐵南下，則會發現「新竹」站標示為「Hsinchu」，「台中」站標示為「Taichung」，想必這些現象令人十分納悶。

圖1　台北捷運淡水站的標示
　　　（攝於 2021 年）

其實，台灣所使用的中文羅馬字拼音系統相當複雜，因此路標或是鐵路站名的標示並不一致。這些羅馬字拼寫系統，其種類及使用年代大致可以區分如下：(1) 威妥瑪拼音（又稱韋式拼音）、(2) 國語羅馬字（1928～1985）、(3) 國語注音符號第二式（又稱國音二式、1986～2002）、(4) 通用拼音（2002～2008）、(5) 漢語拼音（2009～）。

「威妥瑪拼音」是19世紀中葉英國駐華公使威妥瑪（Thomas Francis Wade, 1818～1895）在中國期間所開發的中文羅馬字拼寫方法，台灣的人名、地名譯音深受影響，至今仍持續使用。「國語羅馬字」則是教育部在注音符號ㄅㄆㄇㄈ（1912年制定、1918年公布）制定後，為因應羅馬字譯音之需求，於1928年召集學者所制定的，但聲調標示繁雜，接受度不高，並未普及。「國語注音符號第二式」則是1986年教育部基於外籍人士及華僑子弟學習中文的需求，將「國語羅馬字」進行改良而推出的。但長久以來，人名和地名一般多還是採用威妥瑪拼音，在2002年推動「通用拼音」以前，台灣外交部甚至是以「威妥瑪拼音」做為譯音的標準，

因此大部分台灣人的護照姓名都是採威妥瑪式拼寫法。

2002 年教育部公布〈中文譯音使用原則〉，推動「通用拼音」的拼寫方式，範圍涵蓋華語教學、護照英文譯名、地名等。「通用拼音」雖然與「漢語拼音」非常類似，但仍然有所差距，這反映出當時執政黨欲與中國保持距離的政治立場。

2008 年政黨輪替，同年教育部修訂〈中文譯音使用原則〉，規定 2009 年起採行以「漢語拼音」為主的譯音政策。所主張的理由是與國際接軌，因為國際上普遍使用「漢語拼音」，但部分台灣人擔心，這樣的政策可能會被推進北京的政治懷抱之中。

也因此，這項規定並非強制，〈中文譯音使用原則〉同時說明護照上人名的譯寫，應尊重當事人的選擇，國際通用之特定詞或約定俗成者，如地名、傳統習俗、文化名詞，也不需以「漢語拼音」拼寫。

以台灣高鐵為例，板橋站（Banqiao）和左營站（Zuoying）雖採「漢語拼音」，但台北（Taipei）、新竹（Hsinchu）、台中（Taichung）等站名繼續使用「威妥瑪拼音」，以維持譯音的歷史

性。總統府前的凱達格蘭大道（原住民語 Ketagalan Blvd.）、鹿港（威妥瑪拼音 Lukang）、淡水（台語教會羅馬字 Tamsui）等地名的羅馬字表記，也因有其獨特的歷史意義，而保留原來的拼寫方式。

此外，一部分反對「漢語拼音」的縣市政府，例如台南和高雄，也仍繼續使用「通用拼音」，但市區內的街道標示並不統一。圖 2 攝於台南市區，路標中「高雄」採「威妥瑪拼音」，但「新營」和「七股」就令人納悶了，既不是「威妥瑪拼音」，也不是「通用拼音」。

混亂的拼音奇景，想必給外國人帶來不少困擾。透過本文，可以看出歷史性、國際化以及政治立場等多重因素的糾葛，是台灣社會中文

圖 2　台南市區的道路標示（攝於 2021 年）

16

**表 1　中文譯音之羅馬字系統對照表**

| 聲母(子音) | | | | | 韻母(母音) | | | | |
|---|---|---|---|---|---|---|---|---|---|
| 注音符號 | 韋式拼音 | 國音二式 | 通用拼音 | 漢語拼音 | 注音符號 | 韋式拼音 | 國音二式 | 通用拼音 | 漢語拼音 |
| ㄅ | P | b | b | b | ㄧ | y(i)或i | (y)i | (y)i | (y)i |
| ㄆ | p' | p | p | p | ㄨ | (w)u | (w)u | (w)u | (w)u |
| ㄇ | m | m | m | m | ㄩ | (y)ü | iu/yu | (y)ü | (y)ü |
| ㄈ | f | f | f | f | ㄚ | a | a | a | a |
| ㄉ | t | d | d | d | ㄛ | o | o | o | o |
| ㄊ | t' | t | t | t | ㄜ | ê 或 o | e | e | e |
| ㄋ | n | n | n | n | ㄝ | (i/ü)eh | (i/iu/yu)e | (i/ü)e | (i/ü)e |
| ㄌ | l | l | l | l | ㄞ | ai | ai | ai | ai |
| ㄍ | k | g | g | g | ㄟ | ei | ei | ei | ei |
| ㄎ | k' | k | k | k | ㄠ | ao | au | ao | ao |
| ㄏ | h | h | h | h | ㄡ | ou | ou | ou | ou |
| ㄐ | ch | j | j | j | ㄢ | an | an | an | an |
| ㄑ | ch' | ch | c | q | ㄣ | en | en | en | en |
| ㄒ | hs | sh | s | x | ㄤ | ang | ang | ang | ang |
| ㄓ | ch(ih) | j(r) | jh(ih) | zh(i) | ㄥ | eng | eng | eng | eng |
| ㄔ | ch'(ih) | ch(r) | ch(ih) | ch(i) | ㄦ | erh | er | er | er |
| ㄕ | sh(ih) | sh(r) | sh(ih) | sh(i) | | | | | |
| ㄖ | j(ih) | r | r(ih) | r(i) | | | | | |
| ㄗ | ts/tz(u) | tz | z(ih) | z(i) | | | | | |
| ㄘ | ts'/tz'(u) | ts(z) | c(ih) | c(i) | | | | | |
| ㄙ | s(su)/sz(u) | s(z) | s(ih) | s(i) | | | | | |

譯音分歧的主要原因，但如果釐清這些拼音發生的脈絡，仍然隱約可以窺見異中求同的特質。

参考資料

- 世界華語文教育会編（2012）『国語運動百年史略』台北：国語日報社。
- 教育部（2011）「中文訳音使用原則」（https://crptransfer.moe.gov.tw/files/pinyin shouce.pdf）。

| 単語＋注音符号 | 漢語拼音 | 日本語訳 |
|---|---|---|
| 拼音 | pīnyīn | （漢字に対してローマ字等による）表音式表記（「拼」は「寄せ集める」、「綴り合せる」の意） |
| 奇景 | qíjǐng | 奇観、珍しい景色 |
| 捷運 | jiéyùn | MRT（「Mass Rapid Transit」の略で、台湾都市部の地下鉄のようなもの） |
| 服務 | fúwù | 奉仕する、サービスする（日本語の「服務」とはニュアンスが異なるので注意） |
| 高鐵 | gāotiě | （「高速鐵路」の略で）台湾高速鉄道、台湾新幹線 |
| 納悶 | nàmèn | 納得がいかない、腑に落ちない、訳が分からない |
| 拼寫 | pīnxiě | （ローマ字等の表音文字で）綴る |
| 威妥瑪拼音 | Wēituǒmǎ pīnyīn | ウェード式ローマ字 |
| 外籍 | wàijí | 外国籍 |
| 涵蓋 | hángài | 含む、包括する |
| 差距 | chājù | 格差、隔たり |
| 執政黨 | zhízhèngdǎng | 与党、政権党（野党は「在野黨」または「反對黨」） |
| 輪替 | lúntì | 順番に交替する |
| 接軌 | jiēguǐ | （線路等を）連結する、リンクさせる、（方針等を）合わせる |
| 懷抱 | huáibào | 懐、胸の中 |
| 約定俗成 | yuē dìng sú chéng | 習慣として定まる、慣習として定着する |

16

| 困擾 | kùnrǎo | 困惑する、困らせる |
|---|---|---|
| 糾葛 | jiūgé | もつれ、揉め事、いざこざ |
| 隱約 | yǐnyuē | 微かである、はっきりしない |
| 異中求同 | yì zhōng qiú tóng | 意見が異なる中でも一致点を見出そうとする |

# 文法解説

## (1)（從／由／自＋）A [名詞] ＋起

時間や場所の起点を表し、「Aから（始まる）」の意。「從」等の介詞は省略されることもある。

〔課文〕同年教育部修訂〈中文譯音使用原則〉，規定 2009 年**起**採行以「漢語拼音」為主的譯音政策。
　→同年教育部は「中国語翻字使用原則」を改訂し、2009 年から「漢語拼音」を主とする音訳政策を採用すると規定した。

〔作例〕**從**今天**起**，我們是夥伴。
　→今日から、僕達は仲間だ。

## (2) ～者

書き言葉で用いて、「～するもの（は）」の意。前の語句を名詞化し、主に文の主題となる。

〔課文〕國際通用之特定詞或約定俗成**者**，如地名、傳統習俗、文化名詞，也不需以「漢語拼音」拼寫
　→国際的に通用している特定の語や慣習として定着しているもの、例えば地名、伝統的な習俗や文化に関わる用語等も、「漢語拼音」で綴らなくともよいと

〔作例〕不符合條件**者**禁止參加。

　→条件に合わない者は参加を禁ずる。

　本文ではいくつか種類の異なる中国語のローマ字表記法が紹介され、その種類と使われる年代には台湾の複雑な歴史と政治的立場が反映されていましたが、私は日本にも似たような状況があることに気づきました。日本にも「ヘボン式」、「日本式」、「訓令式」という３種類のローマ字表記法があり、時代や場合により異なる種類のローマ字が使われてきた歴史があります。またこの文章を通して、台湾の言語文化に対する理解も深まりました。例えば私は二年生の時に台湾へ旅行に行ったことがあり、その時は淡水の発音が何故「Tamsui」と表記されているか分からなかったのですが、この文章を読んで理解することができました。また、以前は何故台湾人が漢語拼音を使わず注音符号を使っているのかも分からなかったのですが、注音符号の重要性も知ることができました。台湾の歴史は思っていたよりも複雑で、言語文化も非常に複雑です。更には原住民の言語の影響もあるので、外国人には理解が難しいと思います。

# 討論のタネ

1．日本語（又は自国語）でも、ローマ字表記に関するこうした混乱があるだろうか。

2．本文で紹介された台湾のローマ字表記をめぐる状況に対して、今後どのような方針を取るべきだろうか。このままでよいか、統一すべきか、統一するとしたらどの表記法がよいか等について、話し合ってみよう。

## 17 台湾国語
### 台灣國語

文／林 初梅

很多人都看過動漫《我們這一家》，花太太那一口超級不標準的中文，想必令人印象深刻，在台灣，這樣的中文被稱為「台灣國語」。

《我們這一家》是從日本動漫《あたしンち》翻譯而來的，日文原版中的花太太，是個逗笑、囉唆、麻煩、喜歡占便宜的媽媽，但她的日語並沒有特殊的腔調，為何中譯版要將她的中文塑造成台灣國語的口音呢？這是一個很耐人尋味的問題。

首先必須說明何謂「台灣國語」。戰後的台灣，也就是 1945 年以後，中文取代日語，成為台灣的「國語」，這是多數台灣人的中文初體驗。然而，早已習慣日語和台灣話的本省籍台灣人，特別是閩南人，不只是不擅長捲舌音，也有幾個發音老是念不好。例如，把「我」（wǒ）念成「ǒ」，把「颱風」（táifēng）念成「tái hōng」，把「橘子」（júzi）念成「jizi」。

　　簡而言之，台灣國語就是發音不標準的台灣腔中文。這種帶著台灣腔特徵的台灣國語，其實和美式英語、英式英語沒有什麼兩樣，從社會語言學的角度來看，只不過是一種語言現象，但在台灣卻成了被嘲笑的對象，因此，長期以來，台灣國語是一個歧視性的用語。今天，有人力主應該扭轉台灣國語的負面形象，因為台灣人的中文，誰不帶一點台灣腔呢？但負面的形象依然揮之不去。日本的語言學家樋口靖曾將現在多數台灣人說的中文命名為「台北國語」以示區別，或許改稱「台北國語」不失為一個好辦法。

17

　　除了上述發音上的特徵之外，台灣國語還被賦予鄉下人、書讀得不多等負面印象。早年的電視節目，往往把說台灣國語的角色，塑造成學歷不高、土裡土氣的本省人；說標準國語的角色，則往往設定為高學歷、居住於都會的外省人。換句話說，電視節目的推波助瀾，加深了這種偏見。不過，近年來出現了一些變化，台灣國語似乎還帶有搞笑的味道，搞笑的中文，有時令人感到質

樸、親切，並不見得都是負面形象。《我們這一家》的花太太，被塑造成說台灣國語的媽媽，可能就是綜合了這些因素吧！

　　近年來，年輕世代台灣人所說的中文，除了不太捲舌的特徵還在，其餘的特徵，都不容易聽到了。我的幾個日本學生留學台灣後，受台灣人的影響，說中文時刻意不捲舌，他們說他們喜歡這個帶有台灣味的中文發音。不過，其實台灣人並非不捲舌，只是捲舌特徵不明顯而已。

　　此外，台灣國內製作的紀錄片旁白不再追求標準發音，也是近年來的變化。例如齊柏林所拍攝的紀錄片《看見台灣》(2013)，是由劇作家吳念真為其配音、錄製旁白的。吳念真的中文不算標準，甚至帶有一點台灣國語，有些外國人覺得這種發音不容易聽懂，但他的旁白，讓這部紀錄片達到台灣出品的效果，顯得相得益彰，這個現象也充分說明了台灣人語言意識的變化。

**參考資料**

• 樋口靖（2000）『台湾語会話』［第二版］』東京：東方書店。
• 許慧如（2019）「後国語運動的語言態度——台湾年軽人対五種華語口音的態度調査」

『台湾語文研究』第 14 巻第 2 期、pp. 217-253。

**単語表**

| 単語＋注音符号 | 漢語拼音 | 日本語訳 |
|---|---|---|
| 想必 | xiǎngbì | ［副詞］きっと（〜だろう） |
| 占便宜 | zhàn piányí （中：piányi） | うまい汁を吸う、得をする、有利である |
| 耐人尋味 | nài rén xún wèi | 意味深長である、味わい深い |
| 何謂〜 | héwèi 〜 | 〜とは何か（話し言葉の「什麼叫〜」に当たる） |
| 擅長 | shàncháng | 得意とする、堪能である、長けている |
| 兩樣 | liǎngyàng | 違う、異なる |
| 歧視 | qíshì | 差別（視）する |
| 力主 | lìzhǔ | 力説する、強く主張する |
| 扭轉 | niǔzhuǎn | 向きを変える、転換する、ひっくり返す |
| 形象 | xíngxiàng | （思い浮かべる）姿、形象、イメージ |
| 揮之不去 | huī zhī bú qù | どうしても拭い去れない |
| 不失為〜 | bùshīwéi 〜 | 〜たるを失わない、〜だと言える |
| 鄉下 | xiāngxià | 田舎 |
| 推波助瀾 | tuī bō zhù lán | （良くない事について）波を更に大きくする、助長する |
| 搞笑 | gǎoxiào | 笑いを取る、笑わせる |
| 不見得〜 | bújiànde 〜 | 〜とは限らない、必ずしも〜ではない |

17

| | | |
|---|---|---|
| 紀<sup>ㄐㄧˋ</sup>錄<sup>ㄌㄨˋ</sup>片<sup>ㄆㄧㄢˋ</sup> | jìlùpiàn | ドキュメンタリー、記録映画 |
| 旁<sup>ㄆㄤˊ</sup>白<sup>ㄅㄞˊ</sup> | pángbái | ナレーション、傍白、脇台詞 |
| 配<sup>ㄆㄟˋ</sup>音<sup>ㄧㄣ</sup> | pèiyīn | 吹き替え、アフレコ |
| 相<sup>ㄒㄧㄤ</sup>得<sup>ㄉㄜˊ</sup>益<sup>ㄧˋ</sup>彰<sup>ㄓㄤ</sup> | xiāng dé yì zhāng | 補い合って一層良くなる、相乗効果を上げる |

# 文法解説

## (1) A〔1音節〕＋而言之

　主に書き言葉で、「Aに言えば」の意。Aには「簡」（簡単に）、「總」（概して）、「反」（逆に）、「極」（極端に）等の漢字1字が入る。

〔課文〕簡**而言之**，台灣國語就是發音不標準的台灣腔中文。
　→簡単に言えば、台湾国語とは即ち発音が標準的でない台湾訛りの中国語のことである。

〔作例〕我介紹了這麼多功能，總**而言之**，這個商品就是無所不能。
　→沢山の機能を説明してきましたが、要するに、この商品は万能だということです。

## (2) 〔疑問詞疑問文〕→〔反語文〕

　疑問詞疑問文が反語文として使われ、実際には「〜も全て…」と反対の意味を強調する。日本語では反語として訳さない方が自然な場合も多い。

〔課文〕因為台灣人的中文，誰不帶一點台灣腔呢？
　→台湾人の中国語なのだから、誰が少しの台湾訛りもないことがあるだろうか？
　＝〜誰でも皆少しは台湾訛りがあって当然だ。

〔作例〕不用考試也能畢業？哪裡有這麼輕鬆的學校？
　→試験を受けなくても卒業できるって？　どこにそんな気楽な学校があるもの
　　か。
　＝そんな気楽な学校はどこにも無い。

　　私はこの文章を読んで、小さい頃よく『あたしンち』のアニメを見ていた時の
　ことを思い出しました。このアニメが中国語版に翻訳されているとは思いも寄ら
　なかったです。興味があったので、先週ネット上で中国語版を見て、その後もう
　一度元の日本語版を見てみました。不思議なのですが、二つを比べると、中国語
　版のお母さんはより親しみやすい感じがして、台湾国語を話すことで更にユーモ
　ラスになっており、私は知らず知らずのうちに中国語を話すお母さんがとても好
　きになってしまいました。ただ同時に、台湾人の友人が話す中国語とこのお母さ
　んが話す中国語は少し違っていることにも気がつき、台湾の中国語も時代と共に
　変わっているのだと思いました。私はこうした発音は既に台湾の言語文化の特色
　になっていると思うので、台湾人がこれからも自らの言語の特色を大切にしていっ
　てくれることを願っています。それから一つ質問があります。聞くところでは中
　国の南方の人もあまり巻き舌をしないとのことですが、台湾人は中国の南方の人
　と話した時に、相手が台湾人ではなく中国人だと聞き分けられるのでしょうか？

# 討論のタネ

1．日本（又は自国）の社会において「台湾国語」のように、何らかの言語的
　特徴が特定の階層や職業の人々と結び付いている例はあるだろうか。

2．日本語のアニメや外国語の吹き替えで、特定のイメージと結び付いている
　訛りや口調等の例を挙げ、そうした特徴と現実に話されている言葉の関係に
　ついて考えてみよう。

# 18 台湾華語の中の台湾語要素
## 台灣華語中的台語元素

文／林　初梅

兒時的記憶依然鮮明。小學時代，同學間吵架是家常便飯的事，三不五時就會有同學去跟老師告狀，哭訴著：「老師，他給我打」。其實，不用問也知道，哭著來告狀的人是被打的人，但老師總是調侃著說：「是誰打誰啊？」正確說法應該是「他打我」，但受到台語的影響，變成「他給我打」。

某個世代的一些台灣人，在念小學之前，是不會說中文的，進了學校，才開始學中文，但受到母語的影響，難免出現文法誤用的現象，久而久之，這些所謂的錯誤不再是錯誤，反而成了台灣華語的特色。

動詞前面加「有」就是一個極具代表性的例子，例如：「妳有去過台北嗎？」這種用法，在我的小學時代，老師總是一再強調這是錯的，但如今，台灣人使用頻率極高，一般認為動詞前加

「有」，是一種強調，並未有何不妥。

　　再舉一例，「明天你會去台北嗎？」這種用法，雖然不是誤用，但在中國人看來，「會」是多餘的贅字，台灣人則因為受到台語的影響，而認為加上「會」是比較理想的，因為這樣才能表示「未來」。

　　上述幾個例子是語言接觸後所產生的語法變化，除此之外，華語文中夾帶台語語彙的現象也值得關注。這種現象的發生，可以追溯到 1960、70 年代。當時一些描寫台灣社會的鄉土文學作品，往往在對話中利用台語語彙來凸顯人物的本土色彩。例如王禎和的作品《嫁妝一牛車》（1967）就出現過「頭家（老闆），來一個當歸鴨」、「報給（通知）你一個好消息」等對話。

　　近年來，華語文夾帶台語的現象，越來越普遍，甚至頻頻出現在電視新聞或報紙上。例如：「新冠肺炎疫情持續擴大，政府下令居家隔離，確診患者竟到處趴趴走。」

　　「趴趴走」意指四處亂走、移動範圍遍及各地，語源來自台灣話，也可以說是台語借詞。中文雖然也有類似的詞彙，但對台灣

人來說，使用這個語彙更加貼切、傳神。

「凍蒜」一詞也是來自台語，意指當選。中文也不缺這樣的語彙，但台灣每逢選舉，總會聽到支持者大喊「凍蒜」，比起當選，凍蒜的音韻更強而有力，更適合當選戰的口號。

再看「伴手禮」一詞（如圖1），這是指糕餅類的小點心，算是台語和中文結合所衍生的語彙。台語本來叫「伴手」，意指手提帶去的小禮物，對台灣人來說，中文裡似乎很難找到貼切的語彙。

圖1　台北松山機場的免稅店（攝於 2015 年）

此外，「喬時間」（調整安排時間）、「牽手」（妻子）、「奧

圖 2　誠品書店內的海報（2019 年攝於台北信義店）

步」（下流的手段）、「肖年頭家」（年輕老闆、如圖 2）、「菜奇仔」（菜市場、如圖 2）等台語語彙，也經常出現在報紙或海報上，這種現象令人感受到語言的變化。

2008 年新銳作家楊富閔的作品「暝哪會這呢長」（夜何以這麼長）獲選為全國台灣文學營創作小說獎，也為華語文的變化做了最佳的說明。這部作品不只是對話，甚至在敘述的部分及書名都大量夾用台語，獲獎一事，說明不少台灣人對華語文吸收台語元素的現象，展現出高度的支持與包容力。

## 参考資料

- 林初梅「台湾華語の現在と行方」(2021)『民主化に挑んだ台湾——台湾性・日本性・中国性の競合と共生』名古屋：風媒社、pp. 278-304。

## 単語表

| 単語＋注音符号 | 漢語拼音 | 日本語訳 |
|---|---|---|
| 家常便飯 | jiācháng biànfàn | 家でのあり合わせの食事、日常茶飯事（ありふれている事の喩え） |
| 三不五時 | sān bù wǔ shí | 時々（台湾語からの借用語） |
| 告狀 | gàozhuàng | 訴える、告げ口をする、言いつける |
| 調侃 | tiáokǎn | （言葉で）からかう |
| 久而久之 | jiǔ ér jiǔ zhī | 時が経つうちに |
| 反而 | fǎn'ér | ［副詞］かえって、逆に |
| 多餘 | duōyú | 余計な、余った |
| 夾帶 | jiádài（中：jiādài） | （こっそり）持ち込む、（秘かに）携帯する |
| 值得〜 | zhíde 〜 | 〜するに値する、〜する価値がある |
| 關注 | guānzhù | 関心を持つ、注意を払う |
| 當歸鴨 | dāngguīyā | 鴨肉の薬膳スープ（当帰は漢方で用いられる植物） |
| 新冠肺炎 | xīnguàn fèiyán | 新型コロナ肺炎（「新冠」は「新型冠状病毒」の略） |
| 疫情 | yìqíng | 疫病の発生状況、感染状況 |
| 確診 | quèzhěn | 診断を下す、（特に新型コロナウイルス陽性の）診断が確定する |

| | | |
|---|---|---|
| 遍及 | biànjí（俗に「piànjí」とも） | 至る所に広がる |
| 口號 | kǒuhào | （口頭で唱える）スローガン |
| 衍生 | yǎnshēng | 変化して発生する、派生する |
| 貼切 | tiēqiè | （言葉遣いが）適切である、ぴったりである |
| 傳神 | chuánshén | 真に迫る、真髄を伝える |
| 展現 | zhǎnxiàn | （目の前に）展開される、繰り広げる |

※台湾語解説

他給我打：台湾語で「彼が私をぶった」は「伊共我拍（i kā guá phah）」と言い、それを直訳したもの。介詞「共（kā）」には様々な機能があり、対応する中国語は「把」や「給」等場合によって異なる。

報給你～：台湾語で「あなたに～を報せる」は「報予你～（pò-hō lí ～）」と言い、「給」はそれに中国語の意味で漢字を当てたもの

趴趴走：台湾語で「そこら中を走り回る」ことを「拋拋走（pha-pha-tsáu）」と言い、「趴趴」はそれに中国語の音で漢字を当てたもの

凍蒜：台湾語で「当選」は「當選（tòng-suán）」と言い、それに中国語の音で漢字を当てたもの

喬時間：台湾語で「時間を調整する」ことを「撨時間（tshiâu sî-kan）」と言い、「喬」はそれに中国語の音で漢字を当てたもの

奧步：台湾語で「悪手」や「卑劣な手段」のことを「漚步（àu-pōo）」と言い、「奧」はそれに中国語の音で漢字を当てたもの

肖年頭家：台湾語で「若い店主」のことを「少年頭家（siàu-liân thâu-ke）」といい、「肖」はそれに中国語の音で漢字を当てたもの

菜奇仔：台湾語で「食料品市場」のことを「菜市仔（tshài-tshī-á）」といい、「奇」はそれに中国語の音で漢字を当てたもの

18

# 文法解説

## (1) 並＋ [否定辞] 〜

　予想される事と実際の状況が異なることを表し、「別に〜でない」、「〜なわけではない」の意。

〔課文〕一般認為動詞前加「有」，是一種強調，**並**未有何不妥。
　→動詞の前に「有」を加えるのは、一種の強調であって、別に何の不味いこともないと一般的に認識されている。

〔作例〕那個時代的選舉**並**不是所有的人都能參加的。
　→あの時代の選挙は全ての人が参加できたわけではない。


## (2) 每＋當／逢／到 etc. 〜

　「〜になるといつも」、「〜する度に」の意で、ある事が起きるともう一方が必ず起こることを表す。

〔課文〕但台灣**每逢**選舉，總會聽到支持者大喊「凍蒜」
　→しかし台湾は選挙になるといつも、支持者達が大声で「凍蒜」と叫ぶのを必ず耳にすることになる。

〔作例〕**每當**我來到這個地方，就會想起童年的記憶。
　→この場所に来る度に幼少期の記憶を思い出す。

去年『你有念大學嗎？』という台湾のドラマを見たのですが、「念」は動詞なのに何故前に「有」という語が付いているのかが、ずっと分かりませんでした。この文章を読んで初めて、この「有」が台湾語の影響を受けたものだということを知りました。私がこの事から連想したのは日本語の中の外来語で、日本語も同じようにいくつもの異なる言語からの影響を受けています。けれども大部分の外来語はカタカナで書かれるので、日本人にとって「本来の日本語」と「外来語」の区別は簡単です。一方台湾華語の中の台湾語語彙はどうでしょうか？　中国語語彙と台湾語語彙はどちらも漢字で書かれるので、私のような中国語を学ぶ外国人にとって、中国語を学ぶ時にそれらを区別するのは困難です。台湾人は皆華語の文章中にある台湾語語彙が元々は中国語ではなく台湾語であることが分かるのでしょうか？

## 討論のタネ

1．本文で紹介されている台湾華語に溶け込んだ台湾語の語彙には、どのような特徴があるだろうか。

2．本文で紹介された台湾語語彙の他にも、例えばマレーシア華人が書いた文学作品には、広東語や潮州語、マレー語に由来する語彙が使われるというように、文学には方言や土着の語彙が使われることが多くある。それによってどんな利点と欠点があるか、考えてみよう。

# 19 流行語と若者世代のネット用語
## 流行語與年輕世代的網路語言

文／林　初梅

19

　　日本有個非常受歡迎的電視節目《探偵！ナイトスクープ》，他們接受觀眾委託，進行各種調查。從 1988 年播出以來到現在，歷久不衰。其中，1990 年代所製作的一個節目令人印象深刻，當時，節目接受一位大阪人的委託，調查了「アホ・バカ」[※]（阿呆・笨蛋）使用的境界線。這位大阪人之所以委託節目幫忙調查，是因為太太是東京人，兩人起爭執時，往往無法掌握對方使用「阿呆」和「笨蛋」時的語感。

　　節目接受委託之後，原本只打算做一集，沒想到獲得熱烈的迴響，後來竟展開全國性的調查，時間長達一年。最後，節目不僅得獎，所歸納出的日本全國「アホ・バカ」分布圖，還受到方言研究學界的高度肯定。簡單來說，這個調查發現語彙是以政經文化中心的京都，向周邊區域擴散並產生變化，「阿呆」和「笨

蛋」的分布圖，印證了民俗學家柳田國男（1875-1962）所提出的「方言周圈論」。柳田曾使用「蝸牛」一詞進行調查，發現語彙變化速度最快的是政經文化的中心——京都，然後以等距的同心圓方式向外緣擴散，離京都越遠的地方，變化越小，反而保留了古老的用法。

從這個語言變化的理論與學說來看，現代流行語的傳播也有雷同之處。離開台灣在日本生活已經超過 20 年以上的我，對台灣這幾年的語彙變化，常有跟不上腳步的無力感。即使我經常透過網路看台灣的相關報導，依然發現新語彙增加的速度，令人無所適從。

台灣的流行語或是年輕世代的網路語言，究竟有哪些？日本每年舉辦「流行語大賞」，獲選的是該年度使用頻繁的 10 個詞彙，大概不分世代都能理解其含意及用法，儘管如此，並非每個詞彙都能持續流傳下來。台灣沒有類似的流行語大賞，但來自台灣的留學生提供了以下資料，可以發現網路上也進行了類似流行語大賞的票選活動。

表1 流行語排行榜

| 20 大九年級流行用語你跟上了沒？ | | | |
|---|---|---|---|
| 排名 | 流行語 | 意思或用法 | 網路聲量 |
| 1 | 人＋377 | 人家森氣氣 | 23496 |
| 2 | 2486 | 白痴、傻子、不入流 | 14507 |
| 3 | 旋轉 | 呼嚨人 | 11553 |
| 4 | 是在哈囉 | 到底是在幹嘛 | 9856 |
| 5 | 塑膠 | 無視、忽略人 | 6957 |
| 6 | 呱張 | 誇張 | 6912 |
| 7 | 咖啡話 | 胡言亂語、講屁話 | 6526 |
| 8 | 潮他媽的 | 形容很潮的誇飾法、反諷用法 | 5409 |
| 9 | 灣家 | 「吵架」的台語諧音 | 5090 |
| 10 | 郭 | 「關我」的連音 | 3402 |

分析期間：2017/11/07～2019/11/06
引自「網路溫度計──鄉民欸字典」（https://dailyview.tw/Daily/2019/11/07?page=0）

　　根據表1，我問了幾個台灣朋友，希望知道他們的理解程度如何。結果，2019 年入選的 10 個語彙中，幾個九年級生（指民國 90 年代出生的人）只能理解其中的三分之二；50 歲左右的年齡層則是三分之一左右。不待言，旅居海外的我，幾乎沒有一個答得出來。

　　不知道這些語彙以後究竟是否能存留下來。最後，在此介紹幾個曾經獲選且至今仍在使用的流行語，例如：醬子、曬照片、韓粉、鄉民、母湯。

老一輩台灣人所使用的詞彙，往往和日日翻新的台灣華語出

現落差，特別是網路世界瞬息萬變，流行語、網路用語層出不窮。

看著這些越來越難以猜透的流行語，讓人忍不住大嘆要跟上台灣

國內語言變化的腳步可真難！

※「アホ」和「バカ」，其漢字分別寫作「阿呆」、「馬鹿」，兩者都是「愚蠢」的意思，其間的差異很微妙，本文將其譯為「阿呆」與「笨蛋」。

参考資料

• 松本修（1996）『全国アホ・バカ分布考　はるかなる言葉の旅路』東京：新潮社。

単語表

| 単語＋注音符号 | 漢語拼音 | 日本語訳 |
|---|---|---|
| 受ㄕㄡˋ歡ㄏㄨㄢ迎ㄧㄥˊ | shòu huānyíng | 歓迎される、人気である |
| 播ㄅㄛˋ出ㄔㄨ | bòchū（俗に「bōchū」とも、中：bōchū） | （テレビ番組を）放映する |
| 竟ㄐㄧㄥˋ | jìng | ［副詞］なんと、意外にも（話し言葉の「竟然」に同じ） |
| 得ㄉㄜˊ獎ㄐㄧㄤˇ | déjiǎng | 受賞する |
| 曾ㄘㄥˊ | céng | ［副詞］かつて、以前に（話し言葉の「曾經」に同じ） |

**19**

| | | |
|---|---|---|
| 保留 | bǎoliú | （原形を）保つ、留める、保存する、（権利等を）留保する（意味の重点は「残しておく」ことにあるので、日本語の「保留」のように「（回答等を）先延ばしにする」という用法はない） |
| 古老 | gǔlǎo | 古い、歴史のある |
| 雷同 | léitóng | 同じである、重複する、雷同する、同調する |
| 跟不上 | gēnbúshàng（中:gēnbushàng） | 追いつけない、ついて行けない |
| 脚步 | jiǎobù | 歩幅、足取り |
| 無所適從 | wú suǒ shì cóng | 何に従うべきか分からない、どうしたらよいか分からない |
| 舉辦 | jǔbàn | 開催する、催す、（事業等を）興す |
| 獲選 | huòxuǎn | 当選する、選ばれる |
| 票選 | piàoxuǎn | 投票による選挙 |
| 旅居 | lǚjū | 外国に居住する、他郷に寄寓する |
| 老一輩 | lǎoyíbèi | 一世代上 |
| 瞬息萬變 | shùn xí（中:xī）wàn biàn | 短時間に目まぐるしく変化する |
| 層出不窮 | céng chū bù qióng | 次々と現れて尽きない |
| 猜透 | cāitòu | ずばりと言い当てる、図星を指す |
| 忍不住 | rěnbúzhù（中:rěnbuzhù） | こらえられない、辛抱できない |

※本文で紹介された流行語について

醬子：「這樣子」（こうである）の縮約された発音に漢字を当てたもの

曬照片：SNSに写真を上げてひけらかすこと。「曬」は本来「（服等を日に）晒す、干す」の意

韓粉：国民党の韓国瑜（元高雄市長）の熱狂的な支持者のこと。「粉」は「粉絲」（ファン）の略で、英語「fans」からの音による借用語

郷民：インターネットを常用し、SNSに書き込みや投稿を行う人々のこと。ネット（住）民。一般的には「網友」とも

母湯：台湾語「毋通（m̄-thang）～」（～してはいけない）に、中国語の発音で漢字を当てたもの


# 文法解説

## (1) 無所 ～

「～する所が無い」というように、否定を強調する。後半部分には主に漢字2字が入り、様々な四字熟語を形成する。

〔課文〕即使我經常透過網路看台灣的相關報導，依然發現新語增加的速度，令人**無所**適從。

→私はネットを通じて台湾の関係する報道をよく見ているが、それでも新語が増えているのを見つけるその速さには、どうしたらよいか分からなく（従うべき所が無く）なる。

〔作例〕電器產品在現代社會裡**無所**不在。

→電器製品は現代社会では至る所にある（ない所が無い）。

## (2) A［動詞］＋下來

動作（A）の結果として安定し残存することや、過去からの安定的な継続等を表す、複合方向補語の派生用法。

19

〔課文〕並非每個詞彙都能持續流傳**下來**。

　→全ての語彙がずっと受け継がれていくわけではない。

〔課文〕不知道這些語彙以後究竟是否能存留**下來**。

　→これらの語彙が今後果たして残ることができるかどうかは分からない。

　本文では日本語の流行語大賞のことに触れられていました。その年に選ばれた10個の言葉は、大抵世代を問わず誰でもその意味と使い方が分かるものですが、全ての言葉が使われ続けるとは限りません。私個人に関して言えば、2018年に選ばれた10個は大体知っていましたが、全てではありません。2017年の10個については殆ど忘れてしまっており、それらの言葉の意味すら覚えていません。言語の変化は本当に大きいものだと感じます。授業では流行語がどのように生じるかについて議論しましたが、その中で一つ面白い傾向に気づきました。日本では、流行語はしばしば短縮とカタカナによって作られますが、台湾では音による掛け詞と方言の影響が大きく、流行語の様相が日本とはかなり異なると思います。

## 討論のタネ

1．日常生活の中で言葉の変化を感じた経験について、話し合ってみよう。

2．本文で紹介された「方言周圏論」のように、時間に伴う言語の変化が地域
　毎の差として残っている例が他にもないか、考えてみよう。

# MEMO

# 20 二つの中国語訳
### 兩個中文翻譯

近年來，日本社會積極推動國際化，不少道路標示、觀光地導覽或名勝古蹟的解說，皆以多語言並列的方式呈現。大致來說，日語、英語、中文以及韓語最常出現，其中特別引起我關注的是簡體字版和繁體字版並列的中文翻譯。

一般來說，日本的這些標示，除了英語以外，最常見的就是簡體中文，而繁體中文相對比較少見，但北海道小樽市的一些歷

圖1　小樽市道路兩旁的歷史建築解說

史建築物的解說卻是一個例
外。2020 年秋天，我在那裡意
外發現道路兩旁的歷史建築解
說只有繁體中文，這不禁使我
產生很多聯想，例如造訪小樽
市的台灣觀光客是否遠遠超過
中國觀光客等等。圖 1 的照片
就是在小樽市拍的，隨處可見

圖 2　北海道道廳歷史建築導覽海報

的歷史建築物中文解說只有繁體中文（攝於 2020 年 9 月 23 日）。
圖 2 導覽海報的照片則是在北海道道廳歷史建築所拍攝的（攝於
2020 年 9 月 25 日），中文翻譯採兩者並列的方式。

　　嚴格說來，簡體中文和繁體中文除了字體和一些發音、語彙
不同之外，兩者之間互通的比例還是很高的。但是有位日本朋友
看了兩個翻譯後，疑惑地問我，難道台灣華語和中國普通話差距
這麼大嗎？因為兩者之間連主詞、句子結構都不同。在此，截取
圖 2 的一小段文章，來比較一下北海道道廳歷史建築說明的兩個

中文翻譯究竟有什麼不同。

## 簡體中文版

北海道的象征　一年四季呈现美丽面貌的"北海道厅旧本厅舍"一直以来深受北海道道民的喜爱，被大家亲切地称为"红砖厅舍"。红砖厅舍建成于明治21年（1888年），之后历经80年肩负了北海道行政中枢的职责。

## 繁體中文版

北海道的象徵　北海道廳舊本廳舍通年為我們展現著其四季迴異的優美身姿，有著「紅磚廳舍」的暱稱，廣受道民們的喜愛。紅磚廳舍誕生於明治21年（西元1888年）。之後的80年以來，作為北海道的中樞，恪盡其職責。

　　從上面的例子，可以看出兩者之所以不同，主要原因在於譯者不同，因此選詞或句型結構也不同，其實，字體互換後，彼此是可以互通的。儘管如此，如果所有的導覽解說，都採用同一譯者的中文，僅字體加以轉換，這樣是否可行呢？我的答案是否定的，畢竟兩地的中文還是有一些差異，特別是譯語的選詞各有偏

好。

又如圖3照片所示，「可携带宠物」及「寵物可以隨行」是出現在台場購物中心電梯門口的翻譯。意思雖然相差不遠，但前者將寵物視為物

圖3　台場購物中心電梯門口的注意事項

品，後者將寵物視為同伴，兩者之間顯然不是字體的差異，而是思維模式的不同，哪個翻譯比較好，見仁見智，我個人是偏好後者的。

圖4　車站內張貼的勸導海報

再看圖4海報，也出現了兩種不同的中文翻譯。這張海報張貼在很多車站，相信不少日本人都有印象，斗大的日語文字圖樣，可以譯為「來撞我的是你，悶不吭聲就走的也是你」，指責一些邊走路邊看手

機、卻不看路的人。下方的說明，繁體版採意譯的方式，譯為「專心走好路，別當低頭族」，簡體版採直譯的方式，譯為「不要在走路时使用手机」。兩種翻譯各有千秋，前者是台灣人慣用的語彙，而且還押韻；後者忠於原文，只要是懂中文的人都可以理解。如果字體互換，中國人或許仍是可以理解「低頭族」的意思，至於喜不喜歡這個譯法，就不得而知了。

**参考資料**

• 庄司博史／P.バックハウス／F.クルマス編著（2009）『日本の言語景観』東京：三元社。

**単語表**

| 単語＋注音符号 | 漢語拼音 | 日本語訳 |
|---|---|---|
| 名勝古蹟 | míngshèng gǔjī（中：gǔjì） | 名所旧跡 |
| 建築物 | jiànzhúwù（中：jiànzhùwù） | 建築物、建造物 |
| 造訪 | zàofǎng | 訪問する |
| 導覽 | dǎolǎn | 案内、ガイド |
| 海報 | hǎibào | ポスター |

| | | |
|---|---|---|
| 疑惑 | yíhuò | 納得できない、疑問を抱く（日本語の「疑惑」とはニュアンスが異なるので注意） |
| 截取 | jiéqǔ | 切り取る、取り出す |
| 紅磚 | hóngzhuān | 赤煉瓦 |
| 暱稱 | nìchēng | 愛称、ハンドルネーム |
| 恪盡職責 | kèjìn zhízé | 職責を忠実に果たす |
| 偏好 | piānhào | 特に愛好する、好み（「好」は「良い」の「hǎo」と声調が異なるので注意） |
| 購物中心 | gòuwù zhōngxīn | ショッピングセンター |
| 電梯 | diàntī | エレベーター |
| 見仁見智 | jiàn rén jiàn zhì | 同じ事でも人によって見方が異なる |
| 斗大 | dǒudà | （一斗升くらい）大きい |
| 撞 | zhuàng | ぶつかる、ぶつける、衝突する、出くわす |
| 悶不吭聲 | mēn bù kēng shēng | 何も言わず口を閉ざす |
| 低頭族 | dītóuzú | 歩きスマホをする人（「低頭」は「俯く」、「うなだれる」の意） |
| 各有千秋 | gè yǒu qiān qiū | それぞれに長所がある |
| 不得而知 | bù dé ér zhī | 知る由もない |

# 文法解説

## (1) 不禁＋A［動詞句］

「思わずAしてしまう」、「Aせずにはいられない」、「Aすることを禁じ得ない」の意。「禁」は「禁止（jìnzhǐ）」等と異なり、「jīn」と第一声で発音されるので注意。

〔課文〕我在那裡意外發現道路兩旁的歷史建築解説只有繁體中文，這**不禁**使我產生很多聯想
→そこで意外にも道路両脇にある歴史的建造物の解説が繁体字の中国語だけなのを見つけ、私は思わず色々な連想をしてしまった

〔作例〕我聽她講那段話，**不禁**流出眼淚。
→私は彼女がその話をするのを聞いて、涙が出るのを禁じ得なかった。

## (2) 難道 ～（嗎）

「まさか～とでも言うのか（そんなわけはあるまい）」という反語や、意外な事に対する確認として用いる。

〔課文〕**難道**台灣華語和中國普通話差距這麼大**嗎**？
→まさか台湾華語と中国の普通話の違いはこんなに大きいんですか？

〔作例〕怕成這個樣子，**難道**你看到鬼了？
→そんなに怯えて、まさかお化けを見たとでもいうのかい？

世界には地域の違いにより異なる訛りを持つ言語が多くあり、例えば英語には沢山の訛りがありますが、英語の場合書き方の違いは大きくありません。一方、中華圏の場合所謂「二つの中国」の問題があるために、中国語にも異なる書き方が生まれています。それにより、中国語を書く際には「二つの中国語」の問題に直面することとなり、これが中国語学習を複雑にする要因になっています。私も中国語学習者として、これは注意すべき現象だと思います。またこの文章を通して、台湾と中国の中国語には、言葉そのものの用法だけでなく、物の見方の違いも関係しているようだということが分かりました。ペットを同伴者として見るか物として見るかというのは、思考パターンの違いです。これはこの文章を翻訳した個人の考え方によるのか、それとも台湾人と中国人の間の違いによるものなのかが気になりました。それと、その他の観光地も北海道のように、2種類の中国語訳が見られるのでしょうか？　私の記憶では、大部分が中国の簡体字だけだったように思います。

## 討論のタネ

20

1．本文で紹介された簡体字と繁体字の中国語訳を見て、それぞれどのような印象を受けるか話し合ってみよう。

2．街中の標識や説明書きの多言語表示は、どのような原則で行うべきだと思うか、話し合ってみよう。本文で紹介された台湾と中国の中国語をどう扱うかという問題の他に、例えば駅等で見られる「出口」といった日本語と漢字が共通する語にも、中国語を標示することは必要だろうか。

# 第三の扉

## 多言語・多文化が織りなす台湾

## 21 漢字とローマ字は相容れない？——漢羅台湾語

### 漢字、羅馬字不相容？——漢羅台語

文／吉田真悟

　　眾所周知，現代日語是漢字和假名的混合體，這種不同文字混合書寫的方式，在世界各國語言中，算是少見的，但在漢字文化圈的周邊地區，其實很常見。例如韓國歷史上就出現過漢字和諺文兩種文字混合書寫的表記法，韓國現在只使用諺文表記，幾乎已經不使用漢字了。而在台灣，台灣話（台灣閩南語）也有漢字和羅馬字的混合書寫體，這是當代才出現的新式表記法。

　　文字標準化的思潮，源自近代，但唯有「國家語言」才被賦予文字標準化的需求，也因此，日本統治時期的台灣，雖然已經邁入近代，但當時的國語是日語，台語的書寫並不被重視。二戰後的國民黨政權，則又將國語定為中文，因此，長年以來，台語及其他台灣本土語言的書寫方式，一直沒有被賦予文字標準化的機會。

19世紀，西方傳教士曾以羅馬字記錄台語，日本統治時期也有台灣人用漢字書寫台語。但各式各樣的書寫法如雨後春筍般地出現，則是在1980年代以後。當時的台灣已經具備民主社會的雛形，以民間文藝為主的傳統漢字表記和西方傳教士所發明的羅馬字表記，都是被討論的對象。但語言學家各有不同的主張，據語言學家的分析，台語中大約有15%的語彙無法以漢字表記，因此出現不少爭議。對峙的僵局中，有人提議採用漢羅表記（漢字＋羅馬字）。

漢羅表記法最初是由旅日語言學家王育德所提倡的，王育德早年因國民黨政府打壓，逃亡日本，他在日本研究台語，並模仿日本的漢字假名混合體，提倡漢羅混用的書寫方式。這種漢羅混用的書寫方式，後來經另一位語言學家鄭良偉加以改良，而變得更完善。鄭良偉針對漢字羅馬字的使用標準訂定了規則，也寫了不少相關論文。其使用規則，簡單來說就是明確有漢字可以使用的部分採漢字，漢字不詳的部分採羅馬字。台語中，漢字不詳的多是虛詞，例如「在」、「給」等類型的詞彙，鄭良偉主張這些詞

*21*

彙用羅馬字表記。因此，台語書寫的漢羅表記法和日本的漢字假名混合體非常類似，例如「私の意見は彼（の）と一緒です」，這句話寫成台語時，就成了「我 ê 意見 kap 伊（ê）全款」（我的意見和他的相同）。

這種表記方式（請參照圖 1 的台語詩）漸漸影響到其他的流

## ▎日頭出 -- 來 --ah

魏素湄

風颱來襲
狂風大作
雨又 koh 粗又 koh 急
規暝規日 ê 空襲、爆擊
滿街仔路是亂 tshau-tshau
東倒西歪 ê 大樹、khấng-páng、布 pênn
一 sì-kuè lóng 是樹葉仔
厝內也 lóng 臭 phú ～臭 phú
M̄知 beh tuì 佗位仔整理起
頭殼 gông-gông
人 siān-siān

今仔日透早
日頭來 tham 頭
規个人 lóng 精神 -- 起 - 來 --ah
Ài 洗 --ê ～洗
Ài 曝 --ê ～曝

日頭出 -- 來 --ah
日頭出 -- 來 --ah
人 ê 力量 mā 來 --ah ～

圖 1　漢羅表記的台語詩詞
（引自李江却台語文教基金会 2017《台文通訊 BONG 報》第 280 期）

派，最近已經成為台語母語運動界的主流。當然，漢羅表記最被詬病的是視覺上的不協調，所以也有不少人反對，語言學家洪惟仁是最具代表性的人物。他和鄭良偉兩人之間出現過不少語言論戰，洪惟仁認為漢字是植入方格子的方塊文字，和羅馬字放在一起，看上去很不搭調。

確實，日本的假名和韓國的諺文都受漢字影響，所以字型與漢字類似，不影響視覺的協調性，但台語的漢羅表記就不同了，畢竟羅馬字是西方的產物。不過，話又說回來，好不好看是主觀上的問題，習慣之後，問題倒也不大，台語的漢羅表記說不定是東西文化交流中最偉大的實驗成果。

*21*

**參考資料**

• 林初梅 （2005）「現代台湾語文字規範化運動の展開──書記言語形成の諸相」『一橋論叢』第 134 巻第 3 号、pp. 473-493。
• 吉田真悟 （2019）「現代台湾語書き言葉の多様性と規範形成──教科書・雑誌の分析から」『日本台湾学会報』第 21 号、pp. 218-233。

## 単語表

| 単語＋注音符号 | 漢語拼音 | 日本語訳 |
|---|---|---|
| 眾所周知 | zhòng suǒ zhōu zhī | 周知の、皆に知れ渡っている |
| 例如 | lìrú | ［接続詞］例えば |
| 唯 | wéi | ［副詞］ただ（〜のみ） |
| 賦予 | fùyǔ | 賦与する、授ける |
| 雨後春筍 | yǔ hòu chūn sǔn | 雨後の筍（新しい事物が次々と現れることの喩え） |
| 具備 | jùbèi | （条件や才能等抽象的なものを）具備する、備える |
| 據〜 | jù 〜 | ［介詞］〜によると／よれば、〜に基づき |
| 無法〜 | wúfǎ 〜 | 〜する方法がない、〜しようがない、〜できない |
| 僵局 | jiāngjú | 膠着した局面、睨み合いの状態 |
| 旅日 | lǚrì | 在日（「旅」は「他郷に滞在する」の意） |
| 加以〜 | jiāyǐ 〜 | （ある事柄に対して処置を加えることを表し）〜をする（目的語は必ず2音節の動詞） |
| 完善 | wánshàn | 完全である、完璧である |
| 漸漸 | jiànjiàn | ［副詞］徐々に |
| 詬病 | gòubìng | 非難する、論難する |
| 協調 | xiétiáo | 釣り合いが取れている、調和が取れている、協調する、調整する（「調」は下記「搭調」との発音の違いに注意） |

| | | |
|---|---|---|
| 方<sub>ㄈㄤ</sub>塊<sub>ㄎㄨㄞ</sub>文<sub>ㄨㄣ</sub>字<sub>ㄗ</sub> | fāngkuài wénzì | 方塊文字（漢字のように正方形のマス目に納まる形の文字を指す） |
| 搭<sub>ㄉㄚ</sub>調<sub>ㄉㄧㄠ</sub> | dādiào | 調和する、釣り合う（「調」は上記「協調」との発音の違いに注意） |
| 畢<sub>ㄅㄧ</sub>竟<sub>ㄐㄧㄥ</sub> | bìjìng | ［副詞］畢竟、結局のところ |
| 話<sub>ㄏㄨㄚ</sub>又<sub>ㄧㄡ</sub>說<sub>ㄕㄨㄛ</sub>回<sub>ㄏㄨㄟ</sub>來<sub>ㄌㄞ</sub> | huà yòu shuōhuílái | 話を元に戻すと |
| 說<sub>ㄕㄨㄛ</sub>不<sub>ㄅㄨ</sub>定<sub>ㄉㄧㄥ</sub> | shuōbúdìng （中：shuōbudìng) | はっきり言えない、（副詞的に）ひょっとすると |

# 文法解説

## (1) 如 〜（一）般

書き言葉で「〜のようだ／ように」の意。話し言葉の「像〜一様」に当たる。

〔課文〕但各式各樣的書寫法**如**雨後春筍**般**地出現，則是在 1980 年代以後。
→しかし多種多様な表記法が雨後の筍の如く現れたのは、1980 年代以降のことである。

〔作例〕突然傳來了**如**天使**一般**的歌聲。
→突然天使のような歌声が聞こえて来た。

## (2) 以＋A［名詞］＋為＋B［名詞］

「AをBとする／として」の意を表す。

〔課文〕**以**民間文藝**為**主的傳統漢字表記
→民間文芸を主とする伝統的な漢字表記

〔作例〕**以**大阪大學的學生**為**例來討論。
　→大阪大学の学生を例として議論する。

　この文章を読んで、台湾語にも漢字と別の文字を混合した書き方があることを知りました。ただ台湾語と日本語が異なるのは、台湾語はローマ字を用いており、またどの部分を漢字で書いてどの部分をローマ字で書くかが、日本語よりも曖昧である点だと思います。語源が不明な語彙をローマ字で書くという問題については、一つ提案なのですが、介詞だけをローマ字で書いて、それ以外は漢字を当てたり新しく字を造ったりすればよいのではないでしょうか。台湾で行われている表記法の議論の中で、既にこうした考え方があるかが気になりました。それから、漢羅という書き方は縦書きができないのではないかと思いますが、そうだとすると書道や春聯を書く時に困難が生じるので、個人的にはこうした書き方は広まりづらいような気がします。

## 討論のタネ

1．図1にある漢字とローマ字の交ぜ書きを見て、どのような印象を持つだろうか。

2．日本語の例も念頭に、異なる文字を混用することの長所や短所について考えてみよう。

# MEMO

# 言語景観に隠れた台湾語

## 隱身在語言景觀中的台語

文／吉田真悟

我們所居住的現代都市，觸目所及，四處都充滿了文字。商店看板櫛比鱗次，企業廣告無所不在，這樣的景觀遍布世界上的每一個大小城市。這些公共場域所見到的語言、文字，社會語言學稱之為語言景觀，透過這些景觀，可以分析並了解該社會整體的狀況及國民的語言意識，因此是非常值得研究的對象。

台灣的大街小巷也有不少這樣的語言景觀。由於幾乎都是漢字，乍看之下，會以為都是中文。不過，稍加注意，就會發現光是具備中文能力並無法解讀，這種時候，大部分的原因，是因為無法理解文字背後所隱藏的台語元素。

如果是以漢字以外的文字來表記，一眼就可以意識到那並非中文。例如圖1的看板，店名上的文宣有一個「ㄟ」字。「ㄟ」本來是注音符號，發「ei」的音，但在這裡，是取自台語「ê」的意

圖1　使用注音符號的台語

思，和中文的「的」是一樣的。整句話的意思是「懷念的滋味」，

讀做「huâi-liām ê tsu-bī」。有人可能認為，如果是「的」，那寫

成「的」就好了，犯不著大費周章地使用注音符號。其實，刻意

使用注音符號的目的在於利用視覺上的效果，強調這是台語，藉

以加強這家麵店的在地形象。「ê」在台語中是一個非常頻繁使用

的單詞，台灣的語言景觀中，偶爾也會看到以羅馬字「A」來表

記的招牌，這是利用字母本身的英語發音而來的。

　　我們再來看看不同的表記法，如果全都用漢字表記的話，外

國人可能誤以為是中文，但查字典卻找不到正確答案。漢字不只

圖2 台語諧音的例子

具備表意文字的特性，也有很多諧音字，台灣人也利用諧音的特性書寫台語，因此要想理解箇中含意，就沒有想像中容易了。

就如圖2，青蛙的下面寫著「蛙愛呆玩」，乍看之下，如果用中文來理解的話，會以為是青蛙喜歡呆呆地玩，而產生很大的違和感。其實，這句話的意思是「我愛台灣」，諧音在這個地方發揮了很大的作用，請看下面所列的發音，必須從諧音的觀點理解，才能明白兩者之間巧妙的關係。

• 「蛙愛呆玩」（中文發音）：〔ua55 ai51 tai55 uan35〕

　　　　　　　　　　（數字代表音調高低）

• 「我愛台灣」（台語發音）：〔gua55 ai53 tai33（31）uan24〕

　　　　　　　　　　（數字代表音調高低）

這種中文背後所隱藏的台語元素，如果不是土生土長的台灣人，而且了解中文和台語兩種語言的話，其實很難理解。但也因為如此，學習台語，並試著解讀大街小巷的看板或廣告的文字含意，成了一種很大的樂趣，也會讓你感到很有成就感。

- 看看板工作小組編（2018）『看看板——広告招牌的台語大学問』台北：前衛出版。
- 吉田真悟（2020）「台湾語の言語景観における文字使用」『日本漢字学会報』第 2 号、pp. 97-125。

**単語表**

| 単語＋注音符号 | 漢語拼音 | 日本語訳 |
|---|---|---|
| 觸目所及 | chù mù suǒ jí | 目に触れる限りの場所 |
| 四處 | sìchù | 方々、至る所、辺り一面 |
| 看板 | kànbǎn | 看板（日本語からの借用語、下記「招牌」も同義） |
| 櫛比鱗次 | jié bì（中：zhìbǐ） lín cì | びっしりと軒を並べる（建物が隙間なく建ち並ぶ様） |
| 語言景觀 | yǔyán jǐngguān | 言語景観（街中の看板や広告等で使用される言語・文字を指す） |
| 整體 | zhěngtǐ | 全体、総体 |

22

| | | |
|---|---|---|
| 乍看之下 | zhà kàn zhī xià | ちょっと見たところでは、一見したところ |
| 稍 | shāo | [副詞] 少し、やや |
| 隱藏 | yǐncáng | 隠れる、隠す（「藏」は「寶藏」等の「zàng」と発音が異なるので注意） |
| 懷念 | huáiniàn | 懐かしい、懐かしむ |
| 認為～ | rènwéi ～ | （理性的な判断に基づいて）～と考える、～だと思う |
| 犯不著～ | fànbùzháo（中：fànbuzháo）～ | ～するには及ばない、～するに値しない |
| 大費周章 | dà fèi zhōu zhāng | 苦心惨憺、あれこれ手を尽くす |
| 刻意 | kèyì | [副詞] 故意に、わざと |
| 偶爾 | ǒu'ěr | [副詞] たまに、時たま |
| 招牌 | zhāopái | 看板 |
| 諧音 | xiéyīn | 発音が近い、近似音である |
| 關係 | guānxì（俗に「guānxi」又は「guānxī」とも、中：guānxi） | 関係 |
| 土生土長 | tǔ shēng tǔ zhǎng | その土地で生まれ育つ、その地の生え抜きである（「長」は「長い」の「cháng」と発音が異なるので注意） |
| 成就感 | chéngjiùgǎn | 達成感 |

# 文法解説

## (1) 光是 〜（就）…

「光是〜」は「〜ばかり／だけ」の意。後続する文の内容によって、「〜だけで…（十分）」と「〜だけでは…（不十分）」のどちらの文脈にも用いられる（前者の場合後ろに副詞「就」を伴うことが多い）。

〔課文〕**光是**具備中文能力並無法解讀
→中国語の能力を備えているだけでは解読のしようがないことに

〔作例〕**光是**看預告片**就**這麼精彩，這部電影一定很好看。
→予告編を見ただけでこんなに素晴らしいのだから、この映画は面白いに違いない。

## (2) 〜，藉以 …

前で述べた事柄を利用して後ろで述べる事柄が行われることを表し、「〜して、それによって…する」の意。「藉（jiè）」は「籍（jí）」と似ているが別字なので注意。

〔課文〕強調這是台語，**藉以**加強這家麵店的在地形象。
→台湾語であることを強調して、それによってこの麺屋さんのローカルなイメージを強めているのである。

〔作例〕老師拿來各種各樣的教材，**藉以**引起學生的興趣。
→先生は色々な種類の教材を持って来て、それにより学生の興味を掻き立てようとする。

私が台湾に留学中に一番よく使った台湾語は、多分「蚵仔煎」だと思います。初めて夜市で蚵仔煎を頼んだ時、どう読めばよいか分からなかったので、隣で頼んでいる人の発音をこっそり聴こうとしたのですが、はっきりとは聴き取れず、勇気を出して真似して注文してみたところ、2回繰り返してようやく店の主人に通じたことを、いまだに覚えています。その時はとても恥ずかしくて、それからというもの蚵仔煎は最も頼みづらい料理になりました。こうした料理名は、恐らく台湾語でしか発音しないのだと思いますが、台湾人は台湾語から来た語彙と中国語の語彙の違いを普段意識しているのでしょうか？ また、台湾人は台湾語の分からない人と中国語でコミュニケーションを取る時に、自分が使う語彙に気を遣ったりするのでしょうか？

## 討論のタネ

1．日本（又は自国）の言語景観の中にも人目を引いたり印象を残すために、言葉を使った工夫がなされている例はないか、探して話し合ってみよう。

2．台湾と日本（又は自国）の言語景観を比較して見ると、どんな違いがあるだろうか。

# MEMO

# 23 字幕の功罪
字幕的功與過 ..........................................

文／吉田真悟

如果你常看台灣的電視節目，會發現幾乎每個節目都有字幕。這些字幕並非只是點綴性出現的文字圖檔，而是與演出者台詞一模一樣，並且同步、逐字顯示的文字。無論是連續劇或是綜藝節目，只要不是現場直播的節目，幾乎都有字幕。這些景象很少出現在日本的電視螢幕，所以我第一次看到這些字幕時，覺得很不可思議。

在日本，逐字顯示的日語字幕，往往只有外語節目才有，再不然就是為聽障者所設計安排的。台灣的字幕文化，其背後的意義與日本大不相同。台灣的電視節目播放歷史可以追溯到1962年，當時電視台剛成立，中文尚未普及，聽不懂中文的觀眾佔相當大的比例，中文字幕的需求程度可想而知。此外，當時電視播放台灣本土語言的節目，被嚴格限制在百分之二十以下，這百分

之二十的台灣本土語言節目，並非人人都聽得懂，例如閩南語的節目，有些原住民就很有可能聽不懂。在這樣複雜的語言環境下，中文字幕可以幫助觀眾理解節目內容，這也是中文字幕存在的原因之一。

如今，台灣人的中文普及率幾乎已經達到百分之百，照理說，字幕的需求也應該不存在了。其實不然，近二十年以來，台灣電視節目的語言出現了很大的變化，台灣本土語言節目不再受限，因此台語的出現頻率大幅增加，加上客家電台、原民台以及公共電視的台語頻道也都一一成立，對於不懂這些語言的觀眾來說，字幕所發

圖1 《台製日常》節目主持人莊佳穎

圖2 與來賓林昶佐的對談內容，皆以字幕同步呈現
（民視節目《台製日常》網路截圖）
https://www.youtube.com/watch?v=Kb4k7U8TWo8

23

揮的功能甚至比以前來得大。

　　換句話說，在一個多語社會中，字幕的存在無疑是值得肯定的，但我卻認為字幕也帶來不良的影響。因為台灣的電視節目，基本上只有中文字幕，無論演出者使用什麼語言，出現的字幕都離不開中文。台灣人常說台語有音無字，在我看來，部分原因在於中文字幕讓文字與國語（中文）之間畫上等號，才造成只有中文才有文字的假象。台灣本土語言是有文字的，只是用字分歧並未統一。目前，很多台灣的語言學家致力於文字的標準化，上述的本土語言電視頻道，今後是否改用本土語言字幕，令我相當期待。

　　此外，從外國人學習中文的觀點來看，字幕的存在也是有利有弊。根據我個人的經驗，日本同是漢字文化圈的國家，所以字幕幫助我們了解節目內容，著實受益無窮。但是長期仰賴字幕，對聽力的提升有所妨害，也是不爭的事實。也因此，我甚至曾經試著拿紙張遮住字幕以練習聽力，心想，如果字幕可以切換、語言可以選擇，那就可以滿足每個人的需求了。

**参考資料**

• 総務省「スマートテレビ時代における字幕等の在り方に関する検討会」（https://www.soumu.go.jp/main_sosiki/kenkyu/sumatele_jimaku/index.html）。

**単語表**

| 単語＋注音符号 | 漢語拼音 | 日本語訳 |
|---|---|---|
| 功與過 | gōng yǔ guò | 功労と過失、功罪 |
| 點綴 | diǎnzhuì | 飾り付ける、引き立たせる |
| 圖檔 | túdǎng（中：túdàng） | 画像（ファイル）（「圖像檔案」、「圖形檔案」等の略） |
| 演出 | yǎnchū | 上演する、出演する（日本語の「演出」とは意味が異なるので注意） |
| 一模一樣 | yì mó（中：mú）yí yàng | そっくりである、瓜二つである |
| 同步 | tóngbù | 同時（発生）、同じペース、（コンピューター等の）同期 |
| 連續劇 | liánxùjù | （ラジオやテレビの連続）ドラマ |
| 綜藝節目 | zòngyì（中：zōngyì）jiémù | バラエティ番組 |
| 直播 | zhíbò（俗に「zhíbō」とも、中：zhíbō） | 生放送、生中継 |
| 螢幕 | yíngmù | テレビ画面、ブラウン管 |
| 再不（然） | zàibu（rán）（俗にzàibù（rán）とも） | ［接続詞］でなければ、なんなら |
| 聽障 | tīngzhàng | 聴覚障害 |

| 照<sub>ㄓㄠ</sub>理<sub>ㄌㄧ</sub>（來<sub>ㄌㄞ</sub>）説<sub>ㄕㄨㄛ</sub> | zhàolǐ（lái）shuō | 理屈から言えば、理屈の上では |
|---|---|---|
| 頻<sub>ㄆㄧㄣ</sub>道<sub>ㄉㄠ</sub> | píndào | （テレビの）チャンネル |
| 假<sub>ㄐㄧㄚ</sub>象<sub>ㄒㄧㄤ</sub> | jiǎxiàng | うわべだけの現象、仮象（仮相） |
| 有<sub>ㄧㄡ</sub>利<sub>ㄌㄧ</sub>有<sub>ㄧㄡ</sub>弊<sub>ㄅㄧ</sub> | yǒu lì yǒu bì | 一長一短、利点も欠点もある |
| 著<sub>ㄓㄨㄛ</sub>實<sub>ㄕ</sub> | zhuóshí | [副詞] 確かに、本当に |
| 無<sub>ㄨ</sub>窮<sub>ㄑㄩㄥ</sub> | wúqióng | 限りない、際限がない、尽きない |
| 不<sub>ㄅㄨ</sub>爭<sub>ㄓㄥ</sub> | bùzhēng | 疑いのない、争いようのない |
| 心<sub>ㄒㄧㄣ</sub>想<sub>ㄒㄧㄤ</sub> | xīn xiǎng | 心の中で呟く |

# 文法解説

## （1）不是／非 〜 而是 …

「〜ではなく…である」の意。「〜でなければ…である（〜と…ばかりである）」を表す「不是〜就是…」と似ているが、意味が異なるので注意。

〔課文〕這些字幕並**非**只是點綴性出現的文字圖檔，**而是**與演出者台詞一模一樣，並且同步、逐字顯示的文字。

→これらの字幕は単に飾り付けで現れる文字画像ではなく、出演者の台詞そっくりそのまま、かつ同時に、逐一表示される文字である。

〔作例〕考上大學**不是**學習的終點，**而是**學習的另一個起點。

→大学に受かることは勉学のゴールではなく、勉学の新たなスタートである。

## （2）[動詞] ＋住

「住」は結果補語として、動作の停止や阻止を表す。日本語訳は動詞によって様々であり、特に訳出しない方が自然な場合もある。

〔課文〕我甚至曾經試著拿紙張遮**住**字幕以練習聽力

→私は紙で字幕を覆い隠して聴き取りの練習をしようと試みたことさえあって

〔作例〕你把東西放在那裡，會擋**住**別人的視線。

→そこに物を置いたら、他の人が見るのに邪魔になるよ。

　　字幕の必要性に関しては私も筆者の意見に賛成で、外国語を学ぶに当たって必要な時もあれば、聴き取りの練習に影響するので必要ない場合もあり、自由に切り換えられるのが一番よいと思います。最近は多くのテレビで字幕のオンオフを選べるようになっており、Netflix の映画やドラマも必要に応じて言語を選択したり字幕を切り換えたりできるので、とても便利です。それと気になったのは、もし台湾の本土言語の字幕を表示することになった場合、どのような書き方になるのでしょうか。原住民語はローマ字で書かれ、台湾語は漢字表記と漢羅表記、ローマ字表記に分かれるそうですが、そうした事を考えると、字幕の表示もなかなか難しそうだなと思います。

## 討論のタネ

1．テレビ番組や映画、動画等の字幕について、主観的な好き嫌いから客観的な長所短所まで交えて話し合ってみよう。

2．最近は地上波のテレビの他にも様々な映像視聴メディアがあり、多言語による音声や字幕の機能が付いているものもある。もしそういった機能を使った経験があれば、感想について話してみよう。

# 階層化される言語
## 語言的階級化

文／吉田真悟

24

和台灣朋友聊天時，只要談到台語，他們總是跟我說：「台語聽起來真像是吵架、罵人的語言」。確實，台語有很多罵人的髒話，但在我看來，這也是一種情感豐富的表現方式，不見得就是不好。但台語粗俗、刺耳的偏見，即使今天台灣社會已經邁向民主化，這樣的想法依然根深蒂固、難以消除。

語言不分優劣，理應沒有某個語言優雅、某個語言粗俗的道理。世界上任何語言，無論粗俗或優雅，原本都是情感的展現方式，但卻有某些語言被定位成負面形象，某些語言被定位為正面形象等階級化的現象發生，這是很值得關注的問題。

以台灣的語言為例，所謂高雅或正式的場合，大多是使用中文（戰前是日語）的，如此的結果造成台語只能在其他場合使用，使人誤解台語難登大雅之堂。也就是說，中文的高雅形象以及台

語等其他本土語言的低俗形象，都是社會機制所造成的，語言也因此被貼上了標籤。

幾年前，我因為工作的關係，曾經在新加坡住過一段時間，新加坡也有人說台語，也就是閩南語，當地人叫「Hokkien」（福建話），這是因為新加坡和台灣一樣，也有很多福建南方移民的後裔。

眾所周知，新加坡是由很多民族所組成的國家，其語言政策將英語、華語、馬來語以及淡米爾語定位為官方語言，一般人最常使用的是英語，英語成為跨民族溝通的橋樑。而華人在求學期間，除了英語也必須學習華語，但年輕世代新加坡人的日常生活以英語為主，使得有些人的華語不太靈光，閩南語等其他漢語方言就更不要說了。很多年輕人都不會說方言，因為這些語言在學校根本沒有學習的管道。簡單來說，新加坡華人社會的語言結構中，英語是最上層的語言，其次是華語，閩南語等漢語方言則被視為位階最低的語言。

24

我在新加坡的那段時間，和比自己年長的華人長輩說話時，

偶爾會使用台語，那時，他們告訴我：「台灣的閩南語聽起來很優雅，而我們說的很粗俗」。新加坡人常聽台灣的台語歌，對他們來說，台灣是傳播台語文化的中心，但台灣人反而對自己的台語沒有信心，由此可以看出，語言所被賦予的形象，是社會因素所造成的。

語言因社會因素而被階級化的現象，一般日本人大概以為日本國內很少見，但台灣人對台語的印象，就如同日本人對各地方言的印象一樣。再看日語在世界上的定位，與國際共通語的英語相比較，其地位顯然也矮了一截。現在日本有些一流企業規定英語是公司的共通語，也有父母讓孩子從小接受英語教育。不知道會不會有這麼一天，年輕一代的日本人用英語說：「日語聽起來真像是吵架、罵人的語言」。

**參考資料**

• 林初梅（2021）「世界につながる華語、東南アジアとつながる台湾語（The World's Mandarin Chinese Connection, Southeast Asia's Taiwanese Language Bond）」『生産と技術』第 73 巻第 1 号、pp. 83-86（http://seisan.server-shared.com/731/731-83.pdf）。

| 単語＋注音符号 | 漢語拼音 | 日本語訳 |
|---|---|---|
| 髒話 | zānghuà | 下品な言葉、汚い言葉 |
| 刺耳 | cìěr | 耳障りである、聞き苦しい |
| 根深蒂固 | gēn shēn dì gù | （主に良くない事について）根が深い、根強い |
| 理應～ | lǐyīng ～ | 当然～すべきである |
| 優雅 | yōuyǎ | 優美で上品である、優雅である |
| 粗俗 | cūsú | 下品である、粗野である |
| 定位 | dìngwèi | 位置付ける、評価する、定義する |
| 負面 | fùmiàn | 負の側面、否定的な側面、マイナス面 |
| 正面 | zhèngmiàn | 肯定的な側面、プラス面 |
| 造成 | zàochéng | （主に良くない事を）引き起こす、造り出す |
| 難登大雅之堂 | nándēng dàyǎ zhī táng | 上流の場に出せない |
| 貼標籤 | tiē biāoqiān | ラベルを貼る、レッテルを貼る |
| 後裔 | hòuyì | 後裔、末裔 |
| 馬來語 | Mǎláiyǔ | マレー語 |
| 淡米爾語 | Dànmǐěryǔ | タミル語（インド南部を中心に話される言語） |
| 官方語言 | guānfāng yǔyán | 公用語 |
| 不靈光 | bù língguāng | （頭脳や機器等の）反応が鈍い、効きが悪い |
| 管道 | guǎndào | パイプ、ルート、手立て |

*24*

| 矮ガ | ǎi | （背や地位が）低い |
|---|---|---|
| ～截ジェ | ～ jié | ［量詞］（区切ったものを数える） |

# 文法解説

## (1)（更）不要說／別說 ～ 了

　前で述べたものと対比させて、「～は言うまでもない／なおさらである」の意を表す。以下の本文からの例は、この「～」の部分が主題として前に出され、接続として「就」が付された形。

〔課文〕使得有些人的華語不太靈光，閩南語等其他漢語方言就**更不要說**了。
　→そのため一部には華語があまり得意でない人もおり、閩南語等その他の漢語方言は言わずもがなである。

〔作例〕連老師都答不出來，**別說**學生**了**。
　→先生でさえ答えられないのだから、学生はなおさらだ。

## (2) 不知道 ＋［反復疑問文］

　文字通りには「～かどうか分からない」だが、文脈によっては「～かもしれない／～かもわからない」というように、可能性があることを示す場合もある。また、「～だろうか」という自問として訳した方がよいこともある（その場合は多く文末に「？」を伴う）。

〔課文〕**不知道**會不會有這麼一天，年輕一代的日本人用英語說～。
　→日本人の若者が英語で～と話す、そんな日が来るかもしれない。

〔作例〕目前還**不知道**他今天能不能來。
　→彼が今日来られるかどうか今のところまだ分からない。

〔作例〕**不知道**她有沒有來過日本？

→彼女は日本に来たことがあるだろうか？

# 討論のタネ

1．言語が階層化していることを示す身近な例を挙げ、その背景について考えてみよう。

2．日本（又は自国）でシンガポールと同様に複数の公用語を定めて、バイリンガル教育を実施することについてどう思うか、話し合ってみよう。

24

# 25 台湾語の名称論争から多言語社会を考える
## 從台語名稱的爭議來思考多語社會

文／吉田真悟

台灣本土語言又分台語、客家話、原住民族語，其中，台語的使用人口最多，也有人將其稱之為「台灣話」、「閩南語」或「福佬話」，這些名稱各有不同的含意，呈現極具爭議的狀態。

日常生活中，一般還是習慣性地稱之為「台語（Táiyǔ／Tâi-gí)」，但是人口比例較少的客家族群對此有不同的看法。1980年代定義台灣文學時曾經引發論戰，當時，爭議的內容不只涉及文學作品的語言使用問題，還涉及台語的定義問題。客家籍作家李喬主張四大族群的語言都是台灣的語言，無論是原住民語、客語或是華語都不應該排除，所以他反對只將閩南人的語言稱為台語或台灣話。

也許是因為出現過這樣的爭議，台灣政府在一些正式場合都避開「台語」或「台灣話」的用法，而使用「閩南語」這個名稱。

「閩」是福建省的簡稱,「閩南」指的是福建南部,也就是兩、三百年前大多數台灣人移居台灣前的祖籍地。為了和今日閩南地區使用的語言做一劃分,台語有時也稱「台灣閩南語」,但這樣的名稱,引來台語運動人士的不滿。例如,有學者認為閩字的起源來自漢族對於福建南部土著民族的蔑稱,這種歧視性的用語不適合當作台語的名稱。也有學者以「閩語」或「閩南語」是中國語言學次方言的分類法為理由,認為這種被矮化的名稱和台灣人追求主體性的理念不相容。

此外,還有一個名稱,叫「Holo(Hô-ló)話」。「Holo」指的是閩南族群的台灣人,「Holo 話」算是避開「台語」及「閩南語」之爭的中立性用法。Holo 的發音,如果以漢字表記的話,也有人寫成「福佬」、「鶴佬」或「河洛」,文字種類繁複令人瞠目,其語源也眾說紛紜。但有此一說,「Holo」是客家人對福建或閩南人的別稱或蔑稱,台語學界的前輩王育德認為這種可能性很高,也支持這項看法。如果這樣的看法正確,那麼「Holo」這個稱呼也不能說是完全中立。

25

綜合以上所述，台語的名稱，無論何者都會引來爭議，這些意識形態上的對立是非常令人傷腦筋的。不過，我們換個角度來思考這個問題，名稱的爭議，代表這個語言的歷史複雜並反映台灣多語社會的特性。大部分的日本人生長在日本，從未質疑自己所說的語言名稱為什麼叫「日語」，也從未對自己所處的語言環境感到不安，對日本人來說，如果能理解台灣和台語之間的關係，想必也會對自己身處的環境及語言問題重新思考。

**参考資料**

- 王育德（1985）「「福佬」「河洛」語源論争の果ては──漢字のアリ地獄（上）」『台湾青年』第 295 号、pp. 16-23。
- 李喬（1999）「寛広的語言大道──対台湾語文的思考」呂興昌編『台語文学運動論文集（台語精選文庫 2）』台北：前衛出版、pp. 161-167。

**単語表**

| 単語＋注音符号 | 漢語拼音 | 日本語訳 |
|---|---|---|
| 爭議 | zhēngyì | 議論、論議、論争、争議 |
| 涉及 | shèjí | 関係する、関わる、（範囲が）及ぶ |
| 也許 〜 | yěxǔ 〜 | ［副詞］もしかしたら〜かもしれない |

| 語句 | ピンイン | 意味 |
|---|---|---|
| 祖籍 | zǔjí | 原籍、先祖の戸籍 |
| 劃分 | huàfēn | 分ける、区分する、区別する |
| 人士 | rénshì | 人士、名士、著名人 |
| 土著 | tǔzhù（tǔzhuó とも、中：tǔzhù） | 土着の |
| 當作（當做）〜 | dàngzuò（俗に「dāngzuò」とも）〜 | 〜と見做す、〜であると思う |
| 次方言 | cìfāngyán | 下位方言 |
| 矮化 | ǎihuà | 矮小化する、低く見る |
| 繁複 | fánfù | 繁雑である、複雑である |
| 瞠目 | chēngmù | （驚いて）目を見張る |
| 眾說紛紜 | zhòng shuō fēn yún | 諸説紛々、意見が入り乱れている |
| 前輩 | qiánbèi | 先達、大先輩（「輩」は本来「世代」を表す） |
| 綜合 | zònghé（中：zōnghé） | 総合する、総合的な |
| 意識形態 | yìshì（中：yìshí）xíngtài | イデオロギー、観念形態 |
| 傷腦筋 | shāng nǎojīn | 頭を悩ます、（悩み等が）頭を痛める |
| 生長 | shēngzhǎng | 生長する、大きくなる、生まれ育つ（「長」は「長い」の「cháng」と発音が異なるので注意） |
| 從未〜 | cóngwèi 〜 | いまだかつて〜したことがない（話し言葉の「從來沒有」に当たる） |
| 質疑 | zhíyí（中：zhìyí） | 疑問を持ち問い掛ける、質疑する |

# 文法解説

## (1) ［動詞］＋開

　「開」は結果補語として、何かが離れたり拡がったりすることを表す。「避開」（避ける）や「讓開」（どく）といった物理的な動きの他に、「想開」（執着から離れる→達観する）のような心理的な変化にも用いられる。

〔課文〕台灣政府在一些正式場合都避**開**「台語」或「台灣話」的用法
　　→台湾政府は何らかの正式な場面では常に「台語」や「台湾話」といった言い方を避けて

〔作例〕過去的失敗算什麼，你要想**開**一點。
　　→過去の失敗が何だって言うんだ。くよくよするなよ。


## (2) 會＋A［動詞］

　「會」は助動詞として、Aという動作が起きる可能性があることを表す。日本語訳は可能性の高さによって、「Aするはずである」や「Aするだろう」等様々であり、特に訳出せず「Aする」だけの方が自然な場合もある。これと関連して、台湾華語では未来の出来事を表すのにこの「會」が常用されるという特徴が指摘されている（第18課参照）。

〔課文〕台語的名稱，無論何者都**會**引來爭議
　　→台湾語の名称は、どれにしても議論を引き起こし

〔課文〕對日本人來說，如果能理解台灣和台語之間的關係，想必也**會**對自己身處的環境及語言問題重新思考。
　　→日本人にとっては、台湾と台湾語の間にある関係を理解できれば、きっと自らが置かれている環境と言語問題について改めて考え直すことにもなるだろう。

〔作例〕你怎麼會知道？！
　　→なんで知ってるの？！

　私はこの文章を読みながら、日本の状況について考えていました。日本語にも
「蛮」や「夷」、「戎」のように異民族に対する差別的な用語がありますが、日本
人としては「閩」の字や「福佬」が差別的だとは感じないので、同じ漢字文化圏
でも差別用語に対する認識は互いにかなり異なるのだなと思いました。また、自
分は「台湾話」か「台語」の2種類の呼び方をずっと使っていましたが、この文
章を読んでから、台湾語をどう呼んだらよいのか分からなくなってきました。言
語の名称は確かに議論を引き起こし易い問題で、自分も今後注意しなければいけ
ないと思いました。

## 討論のタネ

1. 本文の最後にあるように、多くの日本人が自分の話す言語を「日本語」と
　呼ぶことに疑問を持たないのは何故だろうか。また、そこに疑問が生じると
　したらどんな場面だろうか。

2. 日本（又は自国）で、言語に関して異なる主張がぶつかるような問題には、
　どんなものがあるだろうか。

25

# 26 台湾風日本語
## 台式日語

文／吉田真悟

　　現今台灣的國語雖是中文，但二戰前日本統治時期的國語是日語，那個時代受教育的台灣人，至今仍會說日語。台灣友人曾帶我去和他的爺爺見面，爺爺不太會說中文，我滿心歡喜，打算將學來的台語大展身手，但爺爺只跟我說日語，令我大失所望。在使用日語的過程中，因為遣詞用字的差異，爺爺似乎不太能聽得懂我的日語，結果變成我說台語、爺爺說日語，我的朋友在一旁觀看，覺得很不可思議。

　　印象最深的是，即將告辭時，我用台語告訴爺爺：「我們要去看電影」，爺爺突然用日語說：「ああ、活動写真ね」（喔，活動寫真啊）。「活動写真」在現代日語中已經是不使用的死語了，年輕世代的日本人也許不知道，但這個歷史用語卻在異國老爺爺的記憶中依然鮮明，彷彿處於冷凍保存的狀態，聽到這句話的瞬

間，我立刻感受到台灣真的曾經受過日本統治。

　　日語不只以這樣的方式留在台灣，還有一部分是以借詞的形態出現，但音韻和語意不一定和現代日語相同。這些音韻和語意出現變化的日語借詞，被稱為「灣製日語」或「台式日語」，而我習慣將其稱為台式日語。

　　例如，華語的「甜不辣」（如圖1）就是典型的台式日語。甜不辣是台灣夜市常見的小吃，從「tiánbúlà」的發音，立刻可以聯想到是從日語「てんぷら」（天婦羅）來的，但實際點了之後，卻發現是像「さつまあげ」（薩摩揚）的東西，令人覺得不可思議，有過這種經驗的日本人應該不少。事實上，西日本有些地區也將「さつまあげ」稱為「てんぷら」，從前日本統治時期從日本內地到台灣的日本人，以九州人居多，語彙上的差異或許是從那個時候開始的。

26

圖1　賣甜不辣的小吃店

在我看來，台語的「a-sá-lih」（漢字記載為"阿沙力"）也是台式日語，語源是日語的「あっさり」，但日語「あっさり」的語意十分複雜，有味道清淡、樸素的意思，也有斷然、輕易的意思，而台語的「a-sá-lih」卻是指做事乾脆、爽快、有魄力的意思，語意上有所不同。

台灣還有一句話叫「a-tá-mah khōng-kú-lí」，日語寫成「頭コンクリ（ート）」，意指死腦筋、腦袋不靈活，現代日語大概已經不用了。但有人說日本以前也使用過，如果屬實，那麼這句話也像前述老爺爺的日語一般，如同活化石留存至今，而這個過程中，語意上如果產生變化，很可能是戰後台灣獨自演變所形成的。

此外，當代日語的語彙也隨著流行文化的傳播進入台灣，成為台灣華語的一部分，例如素顏、美白等日語借詞，其中也有台式日語。例如「オタク」，台灣人把這個詞當作形容詞使用，比如說「很宅」，意思是形容一個人不愛出門或專注投入某項事務，當作名詞使用時，變成「宅男」、「宅女」，是有性別區分的。

走在台灣街頭，仔細聆聽，你將發現不少台式日語，這些詞

彙對日本人來說倍感親切，但同時必須注意的是，跟自己所說的

日語不一定是同義詞。

**参考資料**

• 曹逢甫（2000）「台式日語与台湾国語——百年来在台湾発生的両個語言接触実例」『漢
学研究』第 18 巻特刊、pp. 273-297。

**単語表**

| 単語＋注音符号 | 漢語拼音 | 日本語訳 |
|---|---|---|
| 大失所望 | dà shī suǒ wàng | 大いに失望する |
| 遣詞用字 | qiǎn cí yòng zì | 言葉遣いや文字選び |
| 似乎～ | sìhū ～ | ～のようだ、～らしい |
| 告辭 | gàocí | 別れを告げる、おいとまする |
| 處於～ | chǔyú ～ | ～（立場や状態等）に置かれている（「處」は「ところ」の「chù」と声調が異なるので注意） |
| 感受 | gǎnshòu | 感じる、感じた事、感銘 |
| 借詞 | jiècí | 借用語 |
| 小吃 | xiǎochī | 軽食、小皿料理、屋台料理 |
| 居多 | jūduō | 多数を占める |
| 或許 | huòxǔ | ［副詞］ひょっとすると、或いは |

*26*

| | | |
|---|---|---|
| 乾脆 | gāncuì | さっぱりしている、きっぱりしている |
| 魄力 | pòlì | 迫力、気魄 |
| 死腦筋 | sǐnǎojīn | 頭が固い（人）、頑固 |
| 靈活 | línghuó | 敏捷である、回転が速い |
| 屬實 | shǔshí | 事実と合っている、事実である |
| 隨著〜 | suízhe 〜 | ［介詞］〜に連れて、〜に従って |
| 專注 | zhuānzhù | 集中している、専念する |
| 投入 | tóurù | （物事や状況に積極的に）入って行く、集中している、入れ込んでいる（日本語の「投入」にはない意味なので注意） |
| 親切 | qīnqiè | 親しみを感じさせる、親切である（前者は日本語の「親切」と異なるので注意） |

# 文法解説

## (1) 將＋A［名詞］＋B［動詞］

書き言葉で「AをBする」の意。「將」は話し言葉の「把」に当たる。

〔課文〕打算**將**學來的台語大展身手
　→勉強して来た台湾語を大いに発揮するつもりだったが

〔課文〕事實上，西日本有些地區也**將**「さつまあげ」稱為「てんぷら」
　→実は西日本の一部地域では「さつまあげ」のことを「てんぷら」とも言う

## (2) 令＋A［名詞］＋B［動詞］

書き言葉で「AをBさせる」の意。「令」は使役を表し、話し言葉の「讓」に当たる。日本語では使役として訳さない方が自然な場合も多い。

〔課文〕但爺爺只跟我說日語，**令**我大失所望。

　→しかしお爺さんは私に日本語しか話してくれず、私を大いに失望させた。

　　＝（それによって）私は大いに失望した。


〔課文〕例如～，**令**人覺得不可思議

　→例えば～で、人を不思議に思わせ

　　＝（それは）不思議であり

　　私は日本語世代の台湾人が現在話す日本語に昔の語彙が残っているとは思いもせず、また台湾人が日本人にも分からない台湾式日本語を発明しているということにも驚きました。本文を読んで、私は明治時代以前の日本語が漢語から大きな影響を受け、そこから沢山の和製漢語が生まれたことを連想しました。日本は造語大国で常に新しい語彙が生まれており、変化の速度がとても速いです。今の若者は様々なルートから外来の語彙を吸収しており、現代の日本語は以前の日本語とかなり異なります。特に外来語の増加のスピードは非常に速く、カタカナ語が多過ぎて時代の変化について行けないと嘆く人も多いです。


## 討論のタネ

1．日本語（又は自国の言語）の中で、「台式日語」のように原語と異なる意味や用法を持つ借用語（外来語）を挙げ、その違いが生まれた背景について考えてみよう。

2．日本語やその他多くの言語では、現在英語からの借用語が増える傾向にある。この現象と、本文で紹介された台湾語における日本語からの借用語とは、どこが同じでどこが異なるだろうか。

26

# 台湾本土言語における日本語からの借用語
## 台灣本土語言的日語借詞

文／林　初梅

　　穿梭在台灣的大街小巷，五花八門的招牌令人眼花撩亂。若是仔細看，你將發現有「の」（的）、「卡哇伊」（可愛）等日語詞彙。台灣語言中，類似這種和日語相關的語彙究竟有多少？台灣的語言與日語之間，又是什麼樣的關係？

一言以蔽之，台灣的語言中出現日語借詞的比例相當高，原因來自日本統治時期的語言接觸。

電影《海角七號》中，有一幕原住民歌唱的場景，那首歌出現了「taihuku」、「kuba」等語彙，明顯地可

圖1　大街小巷，隨處可見寫著「の」的招牌

以聽出這是「台北」和「工場」的日語借詞。再以阿美語為例，「hikoki」、「hana」、「tingwa」等語彙，也是一聽就知道是日語的借詞，意思是「飛機」（飛行機）、「花」（花）以及「電話」（電話）。南島語系原住民語中來自日語的借詞，大多以借音詞為主，但不同民族吸收了不同的語彙，至今，跨民族的借詞研究尚未出現，因此不易掌握各個民族之間日語借詞的差異。

除了原住民語，台灣其他的漢語系本土語言（台語、客語），也在日本統治時期吸收了不少日語的語彙，與原住民語不同的是，漢語系語言借用的日語多為漢字語彙，即所謂的「和製漢語」。明治時期的日本為因應近代化潮流，學習西方文明，而發明了不少翻譯自西方概念的新式漢字語彙，一般稱之為「和製漢語」，如「國際」、「教育」、「社會」等近代用語，數量之多，超乎想像。台語或客語大量借用了這類型的語彙，發音則採台語或客語的讀音。

以台語為例，這些和製漢語的漢字語彙借詞，又分兩個部分，即「與華語共通的日語借詞」和「異於華語的日語借詞」（請

27

參照表1)。與華語共通的漢字語彙借詞，戰後繼續使用，現在幾乎已經母語化，很多人甚至不知道這些是來自日語的語彙。相反地，華語未借用的漢字語彙借詞，例如「出張」（出差）、「注文」（訂貨）、「見本」（樣本），雖然仍繼續使用，但數量上有逐漸減少的趨勢，而「切手」（郵票）、「葉書」（明信片）等日語借詞則已經消失不用了。

此外，日語的借音詞也融入台語和客語之中，大致可以分為「和語或和製漢語的借音詞」和「外來語借音詞」。以表1的台語借詞為例，おばさん、とうさん、すし是「和語借音詞」，パン、オートバイ則是「外來語借音詞」，這些語彙一般只用於口語，但戰後一些華語作品書寫時以漢字呈現，例如把「おばさん」寫成「歐巴桑」，意思是中高年齡層的婦女，「とうさん」寫成「多桑」（如圖2），意思是日本語世代的父親。理所當

圖2 《多桑的世代》（2015）封面
（允晨出版社提供）

然地，借音詞當然是以日語發音，但發音和今天日本人所說的日

語又不太一樣，對日本人來說，或許有很大的違和感吧！

**表 1　台語的日語借詞**　　　　　　　　　　　　　　　　　　（林初梅製表）

| 台語的日語借詞（1895～1945） | | | |
|---|---|---|---|
| 與華語共通的日語借詞 | 異於華語的日語借詞 | | |
| ①和製漢語之漢字語彙借詞（以台語發音） | ②和製漢語之漢字語彙借詞（以台語發音） | ③和語或和製語的借音詞（以日語發音） | ④外來語借音詞（以日語發音） |
| 國際、社會、教育、主義、藝術、電車、科學、哲學、文化、民族、感性、理性…… | 出張、見本、注文、案內、都合、車掌、病院、野球、郵便、便當…… | おばさん、かあさん、とうさん、すし（寿司）、きもち（気持ち）、りんご、ようかん（羊羹）、かばん、かんばん（看板）…… | ミシン、ガス、クラブ、チョコレート、オートバイ、パン…… |

注：②③等台語的日語借詞，戰後有一部分被華語所借用，因而也出現在華語文中，例如便當、看板、歐巴桑等。

**参考資料**

- 村上嘉英（1979）「閩南語における日本語語彙の受容様態」『天理大学学報』第 30 巻第 5 号、pp. 27-43。

**単語表**

| 単語＋注音符号 | 漢語拼音 | 日本語訳 |
|---|---|---|
| 穿ㄔㄨㄢ梭ㄙㄨㄛ | chuānsuō | （機織りの梭のように）頻繁に行き交う |
| 大ㄉㄚ街ㄐㄧㄝ小ㄒㄧㄠ巷ㄒㄧㄤ | dàjiē xiǎoxiàng | 大通りや路地 |
| 五ㄨ花ㄏㄨㄚ八ㄅㄚ門ㄇㄣ | wǔ huā bā mén | 多種多様で変化に富むこと |

27

| | | |
|---|---|---|
| 眼花繚亂 | yǎn huā liáo luàn | 色とりどりで目が眩む |
| 仔細 | zǐxì | 注意深い、細心である、子細である |
| 一言以蔽之 | yì yán yǐ bì zhī | 一言で言えば |
| 明顯 | míngxiǎn | はっきりしている、明らかである |
| 跨 | kuà | 跨ぐ、跨がる |
| 尚未～ | shàngwèi ～ | いまだ～でない（話し言葉の「還沒有～」に当たる） |
| 掌握 | zhǎngwò | 把握する、マスターする、自分のものにする、掌握する、支配する |
| 因應 | yīnyìng | （変化に）適応する、対応する |
| 超乎～ | chāohū ～ | ～を超える |
| 幾乎 | jīhū | ［副詞］ほとんど、ほぼ |
| 相反 | xiāngfǎn | 逆である、反対である |
| 未～ | wèi ～ | ［副詞］（まだ）～していない（必ずしも「これからする」という含意があるとは限らない） |
| 逐漸 | zhújiàn | ［副詞］次第に、徐々に |
| 融入 | róngrù | （環境や雰囲気等に）溶け込む |
| 大致 | dàzhì | ［副詞］おおよそ、大体 |
| 書寫 | shūxiě | （文字や文章を）書く（日本語の「書写する」、「書き写す」とは意味が異なるので注意） |
| 理所當然 | lǐ suǒ dāng rán | 理の当然である、当然の理である |

# 文法解説

## (1) A [動詞] ＋自＋B [名詞] ／自＋B [名詞] ＋A [動詞]

　「BよりからAする」の意を表す。「自」は多く書き言葉に用い、話し言葉の「從」に当たる介詞（前置詞）。介詞句として動詞の前に置かれるだけでなく、特定の動詞（「來」等）に対しては補語として後ろに置かれることも多い。

〔課文〕原因來**自**日本統治時期的語言接觸。
　→原因は日本統治期の言語接触に由来する。

〔課文〕而發明了不少翻譯**自**西方概念的新式漢字語彙
　→そして西洋の概念から翻訳した新しい漢字語彙を多く発明した。

〔作例〕本次航班**自**大阪飛往台北。
　→この便（フライト）は大阪から台北へ向かいます。

## (2) A [動詞／形容詞] ＋於＋B [名詞] ／於＋B [名詞] ＋A [動詞]

　「於」は書き言葉に用い、話し言葉の「在」に当たる介詞（前置詞）。「自」（前項参照）と同様に動詞の前後どちらにも置かれ、「BでAする」（動作のなされる場所）や、「Bと比べてAである」（比較の対象）等の意味を表す。

〔課文〕異**於**華語的日語借詞
　→華語とは異なる日本語借用語

〔課文〕這些語彙一般只用**於**口語
　→これらの語彙は普通口語においてのみ使われるが

〔作例〕中華民國**於** 1912 年成立。
　→中華民国は 1912 年に成立した。

27

この文章を読んで、日本統治期に台湾に入った日本語の影響がとても大きかったことが分かりました。特に面白いと思ったのは、原住民の歌の中に明らかに日本語由来と分かる借用語があるという記述です。原住民は人口が少ないにもかかわらず、その文化の中に日本の影響の痕跡があるということが意外に思いました。本文には、台湾では各民族語における借用語の比較研究はまだないようだと書かれていましたが、もしそれぞれの言語の間の違いや共通点が見つかったら、それも興味深いなと思います。

## 討論のタネ

1．表1の①〜④の語は、それぞれどのような理由や背景から借用されたと考えられるだろうか。

2．日本語にも多くの借用語があるが、借用され易い語彙の特徴や、元々あった語との関係等について考えてみよう。

# MEMO

## 28 台湾華語における日本語からの借用語
### 台灣華語的日語借詞

文／林　初梅

　　台灣華語也有很多日語借詞，但借音詞比較少見，這是因為台灣華語吸收日語借詞的途徑和台灣本土語言有所不同。

　　時間可以追溯到 19 世紀末～20 世紀初，當時的中國在西洋文明的衝擊下，也和日本一樣，有製造新詞以應時代需求的構想，但最終大多選擇採用日本明治時期的「和製漢語」做為借詞使用，據說數量高達數百個，例如表 1 所列舉的「國際」、「教育」、「社會」等都屬於這類型的語彙。因此，華語與台語、客語所吸收的日語借詞有高度的重疊性，可謂殊途同歸。如今，這些重疊性高的日語借詞，由於使用頻繁，因此逐漸母語化，很多台灣人甚至不知道這些語彙是從日語來的。

　　1945 年以後，台灣華語持續出現了一些日語借詞。國民黨政府接收台灣，也將中文帶到台灣，中文成為台灣的「國語」，但與

台語接觸的過程中，出現了日語二次轉借的現象，這使得台灣華語產生了一些異於中國普通話的詞彙，代表性的詞彙有「便當」（如圖1的「臺鐵便當」）、「看板」、「車掌」、「味噌湯」等。

圖1　車站內便當販售處

　　相對而言，華語未借用的部分，如「案內」、「都合」、「出張」等台語中的日語借詞，由於重疊性低，除了致力於台語復興運動的知識分子積極使用之外，年輕人使用的機會越來越少，這類型的台語詞彙有逐漸消失的可能性。

圖2　路旁的便當招牌

　　一位台語演講比賽的評審跟我分享了她的經驗。台語有「出張」和「出差」兩種用法，兩者意思相同，前者是二戰前來自日語的借詞，後者是二戰後來自台灣華

28

語的借詞，演講比賽評分時，使用「出張」較「出差」的評價來得高，之所以如此，在於評審注重的是語言的歷史性。

近年來，台灣華語也因受到日本流行文化的影響，出現更多的日語借詞，「素顏」、「人氣」、「聲優」、「違和感」、「宅」都是代表性的語彙。至今，台灣華語借用日語的情況仍然持續進行中，這與 1945 年後呈現停滯狀態的台語、客語、原住民語相比較，顯然大不相同。

表 1　台灣華語的日語借詞　　　　　　　　　　　　　　　　（林初梅製表）

| 台灣華語的日語借詞 | | | |
|---|---|---|---|
| 20 世紀初 | | 1945 年以後 | 近　年 |
| 和製漢語<br>（有母語化的趨勢） | 外來語 | 二次轉借的借詞 | 流行文化等借詞 |
| 國際、社會、教育、主義、藝術、電車、科學、哲學、文化、民族、感性、理性…… | 瓦斯、俱樂部、浪漫…… | 便當、看板、車掌、多桑、味噌湯…… | 素顏、聲優、美白、不倫、違和感、宅男宅女、人氣…… |

参考資料

• 陳培豊（2013）『想像和界限──台湾語言文体的混生』新北：群学出版。
• さねとう・けいしゅう（1966）「中国語のなかの日本語」『言語生活』10 号（pp. 54-61）、11 号（pp. 82-93）。

| 単語＋注音符号 | 漢語拼音 | 日本語訳 |
|---|---|---|
| 途ㄊㄨˊ徑ㄐㄧㄥˋ | tújìng | 道程、ルート |
| 追ㄓㄨㄟ溯ㄙㄨˋ | zhuīsù | 溯る |
| 高ㄍㄠ達ㄉㄚˊ | gāodá | （大きな数量に）達する、上る |
| 屬ㄕㄨˇ於ㄩˊ～ | shǔyú ～ | ～に属している |
| 重ㄔㄨㄥˊ疊ㄉㄧㄝˊ | chóngdié | 同じものが重なる、重複する、重畳する（「重」は「重い」の「zhòng」と発音が異なるので注意） |
| 殊ㄕㄨ途ㄊㄨˊ同ㄊㄨㄥˊ歸ㄍㄨㄟ | shū tú tóng guī | 異なる道でも行き着く先は同じ |
| 如ㄖㄨˊ今ㄐㄧㄣ | rújīn | 昨今、当世、今 |
| 轉ㄓㄨㄢˇ借ㄐㄧㄝˋ | zhuǎnjiè | 又貸しする |
| 產ㄔㄢˇ生ㄕㄥ | chǎnshēng | （主に抽象的なものを）生じる、生み出す |
| 相ㄒㄧㄤ對ㄉㄨㄟˋ | xiāngduì | （何かと比べて）比較的、相対的 |
| 致ㄓˋ力ㄌㄧˋ | zhìlì | 力を致す、尽力する |
| ～分ㄈㄣˋ子ㄗˇ | ～ fènzǐ | ～分子（ある階級・階層や性質によって特徴づけられる人々の集団を指す） |
| 演ㄧㄢˇ講ㄐㄧㄤˇ | yǎnjiǎng | 演説する、講演する、スピーチする |
| 評ㄆㄧㄥˊ審ㄕㄣˇ | píngshěn | 審査員、審査する |
| 分ㄈㄣ享ㄒㄧㄤˇ | fēnxiǎng | 分かち合う、共有する、シェアする |
| 二ㄦˋ戰ㄓㄢˋ | Èrzhàn | 第二次大戦（「第二次世界大戦」の略） |
| 評ㄆㄧㄥˊ分ㄈㄣ | píngfēn | 採点する、点数を付ける |
| 注ㄓㄨˋ重ㄓㄨㄥˋ | zhùzhòng | 重視する、力を入れる |
| 至ㄓˋ今ㄐㄧㄣ | zhìjīn | [副詞] 今なお、今に至るまで |

*28*

| | | |
|---|---|---|
| 顯ㄒㄧㄢˇ然ㄖㄢˊ | xiǎnrán | はっきりしている、明らかである |

## 文法解説

### (1) 跟＋A［名詞］＋B［動詞］

「跟」は介詞として、動作を共にする、乃至は動作の対象となる相手を表す。日本語訳は動詞によって、主に「AとBする」や「AにBする」等が対応する。

〔課文〕一位台語演講比賽的評審**跟**我分享了她的經驗。
→ある台湾語スピーチコンテストの審査員が自分の経験を私に（私と）共有してくれた。

〔作例〕我有一件事情要**跟**你講。
→あなたに一つ言いたい事がある。

〔作例〕如果沒有自己的電腦，你可以**跟**學校借啊。
→もし自分のパソコンを持っていないなら、学校から（学校に）借りられるよ。

### (2) (A［主語］＋) (之) 所以 ～，…

原因・理由を際立たせて、「（Aが）～であるわけ／所以（ゆえん）は、…」という意味を表す。後半の文には「是因為…」や「是由於…」が呼応することが多い。

〔課文〕演講比賽評分時，使用「出張」較「出差」的評價來得高，**之所以**如此，在於評審注重的是語言的歷史性。
→スピーチコンテストの採点をする際、「出張」を使った方が「出差」よりも高く評価されるそうだが、そのようにする理由は、審査員が言語の歴史性を重視していることにあるのである。

〔作例〕**我之所以**去台灣留學，是因為我對台灣的語言感興趣。

→私が台湾へ留学に行ったのは、台湾の言語に興味があったからです。

　　本文では、台湾語スピーチコンテストの審査の際に日本語からの借用語である「出張」を使った方が、台湾華語からの借用語である「出差」を使うよりも評価が高いという話がありましたが、それによって台湾語の伝統的な語彙が守られることになるので、私は良い現象だと思いました。けれども、台湾人が日本語教育を受ける前からあった台湾語固有の語彙で、日本語からの借用語によって消失してしまったものも多くあったはずです。日本語からの借用語は確かに台湾華語からの借用語よりも歴史がありますが、日本統治期以前まで遡れば、閩南語や客家語、原住民語等の本土言語の方が日本語由来の語よりも伝統的だと言えます。だからこれからは日本語からの借用語を残していくだけでなく、台湾で本来使われていた語彙も使い続けていくべきではないかと思いました。

# 討論のタネ

1．本文で紹介されたもの以外に、日本語由来と思われる中国語の単語を挙げ、それがいつの時代の借用か考えてみよう。

2．近年日本語にも台湾華語からの借用語が生まれつつあるが、思いつくものはあるだろうか。それらの借用語に見られる特徴についても考えてみよう。

*28*

## 29 噂の宜蘭クレオール語
### 傳説中的宜蘭克里奧語

**29**

　　百聞不如一見，為了見識傳說中的宜蘭克里奧語，2017年夏天，我與高雄師範大學台史所的吳老師，一同前往宜蘭縣大同鄉寒溪村實地考察。從台北搭乘巴士（葛瑪蘭客運），不到一個小時就到了羅東，再由羅東換車前往。只是，原本打算採訪的雜貨店老太太，前一天才知道沒聯絡上，但行程既定，我們也不想更改。

　　到了當地，才發現沒約好是有些麻煩的。還好，走著走著，

圖1　連接羅東與寒溪的巴士

我們看到一所教會，遇見即將出門的牧師娘，說明了我們的來意後，牧師娘大方地開車載我們到鄉裡各地探查，也讓我們從村民那裡聽到了期待已久的宜蘭克里奧語。

宜蘭縣（圖2）位在台灣的東北角，縣內大同鄉寒溪村、東澳鄉澳花村、東岳村、金洋村一帶的泰雅族人，說著一種多數台灣人都聽不懂的語言，是日語和泰雅語的混成語，學界將這種語言命名為宜蘭克里奧語（又稱寒溪克里奧語），日本每日新聞的記者曾對這個語言現象進行了一系列的報導。

圖2　台灣東北角的宜蘭

所謂的克里奧語，是兩種以上的語言接觸所誘發的語言現象。不同語言接觸的初期階段，例如商業行為等，所出現的是洋涇浜式的語言，單詞、文法都簡單，是過渡性的語言。但若接觸時間久，長期使用後產生了新的變化，這樣的變化傳承到下一

圖 3　寒溪部落的泰雅族人石像

代，再發展出語彙豐富、文法結構完整，且成為一個群體所共同使用的語言時，克里奧語的基本條件就成立了。

　　社會語言學家常以曾是法國殖民地的海地為例說明，其實，宜蘭的克里奧語也是一個很好的例子，推測是日本統治時期，泰雅族語、日語兩者接觸後所產生的新語言。從下面幾個例句可以看出，說它像日語，日本人聽不懂；說它像原住民的泰雅族語，泰雅族人聽不懂，就因為這樣，它引起了學界的矚目，大阪大學真田信治（名譽）教授及東華大學簡月真教授的研究是個中翹楚。

**宜蘭克里奧語例句**

◎アンタ　ブラ　ガ（あなた、元気ですか）

◎ワシ　スキ　アレ　ニ（私は彼が好き）

◎アレ　レラ　ガ　センセイ　チゴ（彼は先生じゃなかった）

◎キルクス　アルクサン　モウ（暑い！もう歩きたくない）

◎アンタ　タベタモ？（あなたはご飯を食べ終わった？）

引自日本《每日新聞》

　　使用宜蘭克里奧語的泰雅族人，有人曾為自己的語言認同感到苦惱，因為既不是日語，也不是泰雅族語，在東華大學學習語言學及媒體製作的劉紹萱，就是其中之一。她為此拍攝紀錄片《迷跡》，報導了這個語言現象，影片曾獲得教育部第四屆MATA獎之紀錄片首獎，讀者可以透過這部影片，看到她在迷惘中找回自信的歷程。

- 真田信治／簡月真（2008）「台湾の日本語クレオール」『言語』6月号、pp. 94-99。
- 「台湾の村「ニホンゴ」今も」など『毎日新聞』（2018年8月2日～8月5日連載）。
- 「泰雅の飛魚　タイヤルのトビウオ　宜蘭克里奥爾」（https://video.mainichi.jp/detail/video/5816541033001）。

単語表

| 単語＋注音符号 | 漢語拼音 | 日本語訳 |
|---|---|---|
| 傳說中的～ | chuánshuōzhōng de ～ | 伝説の～、噂に聞く～ |
| 見識 | jiànshì（中：jiànshi） | 見聞を広める |
| 克里奥語 | kèlǐ'àoyǔ | クレオール語（主として植民地状況において複数の言語が混交し、最終的に人々の母語となった言語を指す） |
| 前往 | qiánwǎng | 向かう、赴く |
| 考察 | kǎochá | 実地調査をする、視察する、観察する（日本語の「考察」とは意味が異なるので注意） |
| 客運 | kèyùn | （長距離）バス |
| 聯絡 | liánluò | 連絡する、連絡を取る（中国ではこの意味には「聯繫（联系）」を使うことが多い） |
| 還好 | háihǎo | ［副詞］幸いにも |
| ～所 | ～ suǒ | ［量詞］（学校や病院等の機関や建物を数える） |

| | | |
|---|---|---|
| 〜娘 | 〜niáng | （造語成分として目上や年長の既婚女性を表し、場合によって「〜夫人」や「女〜」等の意味になる。日本語の「（〜の）娘」の意味とは異なるので注意） |
| 大方 | dàfāng（中：dàfang） | 気前が良い、けち臭くない、鷹揚としている |
| 泰雅族 | Tàiyǎzú | タイヤル（アタヤル）族（台湾で2番目に多い原住民族） |
| 進行〜 | jìnxíng 〜 | （2音節以上の動詞を目的語として）〜を行う |
| 系列 | xìliè | 系列、シリーズ、連続 |
| 洋涇浜（洋涇濱） | yángjīngbāng | ピジン（主として植民地状況において複数の言語が混交し、母語が異なる人々の共通語として話される言語を指す。「浜（濱）」の例外的な発音に注意） |
| 法國 | Fǎguó（俗にFàguó とも） | フランス（「法」は「法蘭西」の略） |
| 海地 | Hǎidì | ハイチ（カリブ海の島国） |
| 矚目 | zhǔmù | 嘱目する、注目する、目をつける |
| 個中（箇中）翹楚 | gèzhōng qiáochǔ | （ある分野において）傑出したもの |
| 迷惘 | míwǎng | 迷う、困惑する |

# 文法解説

## (1) ～（A［主語］＋）再＋B［述語］

　「再」はある動作が別の動作の後に続くことを表し、「～してから、（Aは）更にBする」の意。同じ動作が繰り返されることを表す用法（また／再び）との違いに注意。

〔課文〕不到一個小時就到了羅東，**再**由羅東換車前往。
　→1時間もせずに羅東に着いて、更に羅東からバスを乗り換えて向かった。

〔課文〕這樣的變化傳承到下一代，**再**發展出語彙豐富、文法結構完整，且成為一個群體所共同使用的語言時
　→このような変化が次の代に受け継がれ、更に語彙が豊富で、文法構造も整い、かつ一つの集団全体で使用される言語に発展した時に

〔作例〕等到他們回來後我們**再**出發吧。
　→彼らが戻って来るのを待ってから私達は出発しよう。

## (2) 即將＋A［動詞］

　主に書き言葉で用い、「間もなくAしようとしている」の意。「即將」は話し言葉の「就要（～了）」に当たる。

〔課文〕遇見**即將**出門的牧師娘
　→これから出掛けようとしている牧師の奥さんとたまたま遭遇し

〔作例〕這班列車**即將**抵達台南車站。
　→この列車は間もなく台南駅に到着します。

この文章を読んで、日本統治期の日本語教育が台湾の言語に様々な影響を与え
ていたことが分かりました。これまで、日本語は単に台湾の言語に多くの借用語
をもたらしただけだと思っていましたが、新たな言語まで生まれていたとは思い
も寄らず、クレオール語の存在はとても予想外でした。私は宜蘭クレオール語が
発生した原因が気になります。どうして台湾の他の地方ではクレオール語が生ま
れず、宜蘭だけなのでしょうか。地理的な要因か、何か他に理由があるのでしょ
うか？

## 討論のタネ

１．宜蘭クレオール語を生んだ日本語とタイヤル語の「接触」とは、具体的に
　どのようなものであったか考えてみよう。

２．本文で紹介された宜蘭クレオール語から受ける印象を話し合い、それを話
　す人々の苦悩の理由について考えてみよう。

# 30 新南向政策と新住民言語教育
## 新南向政策與新住民語言教育

文／林　初梅

2016 年起台灣政府積極推動與東南亞國家之間的各項政經交流，由於內容有別於 1990 年代的南向政策，因而稱為「新南向政策」。其中，最值得關注的語言相關議題是新住民語言教育。

所謂「新住民語言」，包含越南、泰國、緬甸、印尼、寮國、菲律賓、馬來西亞等七個國家的語言。之所以推動新住民語言教育，是因為國際通婚越來越普遍，台灣的東南亞移民婚生子女也逐漸增多了。

根據 2016 學年度的統計，雙親有一方是外國人的台灣中小學生高達 19.6 萬人，佔全體人數的 10.5%。這些孩子從小在台灣長大，為了讓他們能學習媽媽或爸爸的語言，這個教授新住民語言的新課程從 2019 年 9 月開始上路。雖然還在起步的階段，不知成效如何，但我從新北市大豐國民小學安排的課程及授課老師的訪

談中，得到不少啟發。

2020 年 1 月初，我和研究台灣新南向政策的幾位日本學者，一起拜訪了新北市的大豐國小。由於大豐國小是新北市新住民語文教育的重點學校，因此相關課程的開設，比其他學校來得多，共有越南語、緬甸語、印尼語、菲律賓語、泰語等五種語言。

校長李春芳向我們介紹了幾位新住民語言教育的老師，她們多是與台灣人結婚，移居到台灣的女性。她們的中文流暢，幾乎已經融入台灣社會，之所以能夠擔任這份工作，是在參加培訓得到新住民語言教學支援人員資格後才開始的。其中有位老師告訴我，授課的鐘點費雖然不高，但婆家對於她的工作非常肯定，孩子也積極想要學習媽媽的語言，這樣的收穫遠比實質的報酬來得令人高興。

與她們暢談之後，對實際的教學內容有了更深入的了解與認識，李校長還帶我們參觀了該校的多元文化展示空間，也提供了一張六年級的課表給我們參考。

圖 1　大豐國小的多元文化展示空間　　圖 2　大豐國小的多語言校園景觀

**表 1　新北市新店區大豐國民小學　109 學年度第 2 學期　六年○班　班級課表**

| 節次／星期 | 星期一 | 星期二 | 星期三 | 星期四 | 星期五 |
|---|---|---|---|---|---|
| 導師時間 08：00～08：30 | | | | | |
| 第一節 08：40～09：20 | 國語文 | 國語文 | 國語文 | 綜合活動 | 美術 |
| 第二節 09：35～10：15 | 國語文 | 國語文 | 社會 | 英語 | 美術 |
| 第三節 10：30～11：10 | 社會 | 數學 | 數學 | 英語 | 數學 |
| 第四節 11：20～12：00 | 社會 | 英語 | 健康與體育 | 數學 | 雙語 |
| 午休時間 12：00～13：00 | | | | | |
| 第五節 13：10～13：50 | 數學 | 國語文 | | 自然與生活科技 | 國語文 |
| 第六節 14：00～14：40 | 健康與體育 | 自然與生活科技 | | 電腦 | 本土／新住民語文 |
| 第七節 14：50～15：30 | 健康與教育 | 自然與生活科技 | | 音樂 | 綜合活動 |

從這個課表可以看出大豐國小在教育部所訂定的「十二年國民基本教育課程綱要」下如何安排課程，也可以解讀近年來台灣多語教育政策的動向。

而日本呢？近年來，日本也和台灣一樣，國際通婚及外籍移民的人數逐漸增多。例如，群馬縣大泉町就是一個移民集聚的小鎮，鄰近的伊勢崎市立廣瀨小學的外國籍學童高達 108 人。該校2019 學年度的資料顯示，全校學童不過才 517 人，外國籍學童就有 108 人，包括巴西 19 人、祕魯 23 人、中國 2 人、菲律賓 14人、越南 43 人、智利 2 人、玻利維亞 2 人、孟加拉 1 人、柬埔寨1 人、印尼 1 人。校方為這些學童安排了 60 名日語指導輔導員，但並未開設移民者的母語課程，台日兩國之間對語言學習課程安排的差異，也值得我們關注。

**參考資料**

• 林初梅（2018）「台湾小学的新住民語文教育及師資培育」『外国語教育のフロンティア』第 1 号、pp. 1-6。
• 伊勢崎市立広瀬小学校（2019）「令和元年　学校要覧　伊勢崎市立広瀬小学校」

| 単語＋注音符号 | 漢語拼音 | 日本語訳 |
|---|---|---|
| 印尼 | Yìnní | インドネシア（「印度尼西亞」の略） |
| 寮國 | Liáoguó | ラオス（中国では「老撾（老挝）」と呼ぶ） |
| 馬來西亞 | Mǎláixīyǎ（Mǎláixīyà とも、中：Mǎláixīyà） | マレーシア |
| 婚生子女 | hūnshēng zǐnǚ | 婚姻関係にある夫婦間に生まれた子供、嫡出子 |
| 雙親 | shuāngqīn | 両親、父母（話し言葉では普通「父母」と言う） |
| 上路 | shànglù | 出発する、軌道に乗る |
| 成效 | chéngxiào | 効果、効き目 |
| 訪談 | fǎngtán | インタビューする、取材する |
| 拜訪 | bàifǎng | 訪問する、お訪ねする |
| 共 | gòng | ［副詞］全部で、合計（話し言葉の「總共」や「一共」に当たる） |
| 擔任 | dānrèn | （仕事や役職を）担当する、担任する、受け持つ |
| 培訓 | péixùn | （幹部や専門的人材を）訓練し育成する |
| 鐘點費 | zhōngdiǎnfèi | 時間給、時給 |
| 婆家 | pójiā | 夫の家、嫁ぎ先 |
| 遠比～… | yuǎn bǐ ～ ... | ～よりはるかに… |
| 實質 | shízhí（中：shízhì） | 実質、本質、実際 |
| 暢談 | chàngtán | 心置きなく話す、歓談する |

| | | |
|---|---|---|
| 深<sub>シ</sub>入<sub>ルウ</sub> | shēnrù | （物事の奥まで）入り込む、深く掘り下げる |
| 認<sub>レン</sub>識<sub>シ</sub> | rènshì<br>（中：rènshi） | 認識する、知る、知り合う |
| 玻<sub>ボ</sub>利<sub>リ</sub>維<sub>ウェイ</sub>亞<sub>ヤ</sub> | Bōlìwéiyǎ<br>（Bōlìwéiyà とも、<br>中：Bōlìwéiyà） | ボリビア |

※上記以外の国名
越南（Yuènán）：ベトナム、泰國（Tàiguó）：タイ、緬甸（Miǎndiàn）：ミャンマー、菲律賓（Fēilǜbīn）：フィリピン、巴西（Bāxī）：ブラジル、祕魯（Mìlǔ）：ペルー、智利（Zhìlì）：チリ、孟加拉（Mèngjiālā）：バングラデシュ、柬埔寨（Jiǎnpǔzhài）：カンボジア

※南向政策について
1990 年に李登輝が総統に選出されて以降、中台関係が緊張したことを受け、李登輝政権が東南アジア諸国と外交・経済関係の強化を図ったのが、最初の「南向政策」である。蔡英文政権はそれになぞらえて「新南向政策」を掲げている。


# 文法解説

## (1) A [主語] ＋ 來得 ＋ B [形容詞]

何かと比較して「Aの方が（ずっと）Bである」の意味を表す。

〔課文〕由於大豐國小是新北市新住民語文教育的重點學校，因此相關課程的開設，比其他學校**來得多**
　→大豊小学校は新北市の新住民言語教育重点学校であり、それ故に関連するコースの開設が、他の学校と比べて多く

〔課文〕這樣的收穫遠比實質的報酬**來得**令人高興。
　→そうした収穫が実際の給料よりもはるかに嬉しい。

〔作例〕發郵件太慢了，直接去問他**來得**快多了。
　→メールでは時間が掛かり過ぎる。直接彼に訊きに行った方がずっと速い。


## （2）オ＋A［述語］

「才」は副詞として時間や数量が小さいことを表し、「ただ」、「僅か」、「ほんの」等の意。「不過〜」（〜に過ぎない）や「〜而已」（〜だけ）と一緒に用いられることもある。

〔課文〕全校學童不過**才**517人，外國籍學童就有108人
　→全校児童は僅か517人に過ぎないが、外国籍児童は108人もおり

〔作例〕他**才**是個小孩子而已。
　→彼はまだほんの子供だ。

〔作例〕現在**才**八點多，還有很多時間。
　→今はまだ8時過ぎだ。時間はまだ沢山ある。

大学生の声

　日本人の言語観には保守的なところがあって、だから早くから英語を教えると、子供の日本語力に影響するのではないかと心配する日本人が多いのだと思います。日本はここ何年かでようやく小学校の英語教育を開始しましたが、英語ですらこういう状況なので、その他の言語は尚更です。日本に暮らす韓国人や中国人が沢山いるのだから、小学校の段階で中国語・韓国語教育を導入してもよいのではないかと私は思います。またこの文章を読んで、3つの疑問が浮かびました。第一に、大豊小学校は重点学校なので多くの言語の授業を開講しているとのことですが、その他の学校は教師の確保が難しいといったことがあるのでしょうか？ 第二に、新南向政策と新住民言語教育の間にはどのような因果関係があるのでしょうか？ 先に政策があって、それによって移民が増えたのでしょうか。それとも、移民が増えたのが先で、その後政策的に推進し始めたのでしょうか。第三に、日本では日本人と外国人の間に生まれた子供は日本国籍を持つので、移民には含まれませんが、台湾の状況はどうなのでしょうか？ 台湾の新住民には中国大陸の人も含まれますか？ 台湾ではどのように移民を定義しているのでしょうか。

## 討論のタネ

1．台湾と比べ、日本で移民の言語を含む多言語教育が進まない原因は何だろうか。

2．台湾では移民のことを「新住民」と称しているが、この呼び方に込められた意味について考えてみよう。日本（又は自国）の移民政策や移民に対する考え方と比較して、どのような違いがあるだろうか。

# 付録　注音字母と漢語ピンインの対照表

【声母】

| ㄅ<br>b (o) | ㄆ<br>p (o) | ㄇ<br>m (o) | ㄈ<br>f (o) |
|---|---|---|---|
| ㄉ<br>d (e) | ㄊ<br>t (e) | ㄋ<br>n (e) | ㄌ<br>l (e) |
| ㄍ<br>g (e) | ㄎ<br>k (e) | ㄏ<br>h (c) | |
| ㄐ<br>j (i) | ㄑ<br>q (i) | ㄒ<br>x (i) | |
| ㄓ<br>zh (i) | ㄔ<br>ch (i) | ㄕ<br>sh (i) | ㄖ<br>r (i) |
| ㄗ<br>z (i) | ㄘ<br>c (i) | ㄙ<br>s (i) | |

### 付記

「ㄓ」、「ㄔ」、「ㄕ」、「ㄖ」、「ㄗ」、「ㄘ」、「ㄙ」は、それぞれ単独（母音字母なし）で漢語ピンインの「zhi」、「chi」、「shi」、「ri」、「zi」、「ci」、「si」を表す。

【韻母】

| 一<br>i, yi | ㄨ<br>u, wu | ㄩ<br>ü, yu | |
|---|---|---|---|
| ㄚ<br>a | ㄛ<br>o | ㄜ<br>e | ㄝ<br>(i, ü)e |
| ㄞ<br>ai | ㄟ<br>ei | ㄠ<br>ao | ㄡ<br>ou |
| ㄢ<br>an | ㄣ<br>en | ㄤ<br>ang | ㄥ<br>eng |
| ㄦ<br>er | | | |

【声調記号】

| 声調 | 注音字母 | 漢語ピンイン |
|---|---|---|
| 第1声（媽） | ㄇㄚ | mā |
| 第2声（麻） | ㄇㄚˊ | má |
| 第3声（馬） | ㄇㄚˇ | mǎ |
| 第4声（罵） | ㄇㄚˋ | mà |
| 軽　声（嗎） | ˙ㄇㄚ | ma |

【韻母の組み合わせ】

| | 一（i, yi） | 例 | ㄨ（u, wu） | 例 | ㄩ（ü, yu） | 例 |
|---|---|---|---|---|---|---|
| ㄚ（a） | 一ㄚ（ya） | 鴨 | ㄨㄚ（wa） | 蛙 | | |
| ㄛ（o） | | | ㄨㄛ（wo） | 窩 | | |
| ㄜ（e） | | | | | | |
| ㄝ（〈i, ü〉e） | 一ㄝ（ye） | 噎 | | | ㄩㄝ（yue） | 約 |
| ㄞ（ai） | 一ㄞ（yai） | 崖一ㄞˊ | ㄨㄞ（wai） | 歪 | | |
| ㄟ（ei） | | | ㄨㄟ（wei） | 威 | | |
| ㄠ（ao） | 一ㄠ（yao） | 邀 | | | | |
| ㄡ（ou） | 一ㄡ（you） | 悠 | | | | |
| ㄢ（an） | 一ㄢ（yan） | 煙 | ㄨㄢ（wan） | 灣 | ㄩㄢ（yuan） | 淵 |
| ㄣ（en） | 一ㄣ（yin） | 音 | ㄨㄣ（wen） | 溫 | ㄩㄣ（yun） | 暈 |
| ㄤ（ang） | 一ㄤ（yang） | 央 | ㄨㄤ（wang） | 汪 | | |
| ㄥ（eng） | 一ㄥ（ying） | 英 | ㄨㄥ（weng） | 翁 | ㄩㄥ（yong） | 庸 |

**付記**

1．注音字母の「ㄧㄣ」は漢語ピンインでは「yin」になる。
2．注音字母の「ㄧㄥ」は漢語ピンインでは「ying」になる。
3．注音字母の「ㄩㄥ」は漢語ピンインでは「yong」になる。
4．注音字母の「ㄨㄥ」は声母がある場合、漢語ピンインでは「ong」になる。
　　　例：「ㄍㄨㄥ」→ gōng（公）
5．注音字母と漢語ピンインの対照表は、初級入門の教材：楽大維（2017）『今日からはじめる台湾華語』白水社に詳しいものが掲載されており、是非参照されたい。

**林初梅**（りん・しょばい）

大阪大学大学院言語文化研究科教授。専門は言語社会学、近現代台湾史。

主著に『「郷土」としての台湾―郷土教育の展開にみるアイデンティティの変容』（東信堂、2009年）。『台湾のなかの日本記憶―戦後の「再会」による新たなイメージの構築』（共編著、三元社、2016年）。『民主化に挑んだ台湾―台湾性・日本性・中国性の競合と共生』（共編著、風媒社、2021年）など。

**吉田真悟**（よしだ・しんご）

大阪大学大学院言語文化研究科招聘研究員、上智大学など非常勤講師。専門は社会言語学、台湾語研究。

主著に「現代台湾語書き言葉の多様性と規範形成―教科書・雑誌の分析から」『台湾学会報』21号。「台灣的語言政策與hegemony（文化霸權）―以兩個國語和台語為中心」『台灣與東亞跨域青年學者近代史研究論集』第三輯。『台湾語で歌え　日本の歌』国書刊行会（共訳）など。

大阪大学外国語学部　世界の言語シリーズ 18

# 台 湾 華 語

発　行　日　　2022年2月4日　初版第1刷〔検印廃止〕

著　　　者　　林初梅
　　　　　　　吉田真悟
発　行　所　　大阪大学出版会
　　　　　　　代表者　三成賢次
　　　　　　　〒565-0871
　　　　　　　大阪府吹田市山田丘2-7　大阪大学ウエストフロント
　　　　　　　電話　06-6877-1614
　　　　　　　FAX　06-6877-1617
　　　　　　　URL　http://www.osaka-up.or.jp

印刷・製本　株式会社 遊文舎

© Chu-mei Lin, Shingo Yoshida　2022　　　　　Printed in Japan
ISBN 978-4-87259-343-3 C3087

大阪大学外国語学部

世界の言語シリーズ 18

# 台湾華語

## ［別冊］

大阪大学出版会

# 台湾華語〈別冊〉

## 本文の日本語訳

### 第1課　社会言語学研究の宝庫——フォルモサ・台湾

　台湾は、またの名をフォルモサと言い、狭小な小島ではあるけれども、そこには固有の四大族群（原住民、閩南人、客家人、外省人）と新たに増えた5番目の族群（新住民）が暮らしており、異なる族群の言語文化が台湾社会の多様性を形作っている。台湾は言わば社会言語学研究の宝庫であり、複雑な言語環境は複雑な歴史的背景に根差している。台湾史は大まかに以下のように区分される。

（1）先史時代
（2）原住民社会
（3）国際競争期（1624〜1662年）
　　　オランダが台湾南部を領有（1624〜1662年）、スペインが台湾北部を領有（1626〜1642年）
（4）鄭氏統治期（1662〜1683年）
（5）清朝統治期（1683〜1895年）
（6）日本統治期（1895〜1945年）
（7）現代台湾：中華民国期（1945年〜現在）

　17世紀以前の台湾は原住民社会であったが、原住民がいつ頃から居住し始めたのかについては、考証可能な記録が残されていない。文献の記載によると、最初に台湾を発見したのはポルトガルの水夫で、16世紀に彼らが航海の途中でこの地を通った際にこの小島を見つけて、「Ilha Formosa（麗しの島）！」と叫んだといわれる。ここから、「フォルモサ」は台湾の代名詞となり、欧米の学者や探検家が台湾のことをこのように呼んだだけでなく、台湾でもこの言葉は今に至るまで用いられ続けており、この語を冠した書籍も数多くある。

　17世紀からは国際競争の時期であり、オランダとスペインがそれぞれ台湾の南部と北部を領有した。またこの時期は、漢人が台湾へ大量に移住した時期でもある。オランダは統治の目的を達するために、中国東南部の沿海地域から、沢山の漢人を開墾に連れて来て、それにより漢人人口が増加した。次に漢人が台湾へ大量に移住したのは、鄭氏一族による統治の時期である。1662年に鄭成功がオランダを打ち負かしたことで、台湾は鄭氏統治期に入り、期間は長くなかったものの、同じように漢人が土地を開墾しに大挙して台湾へやって来るという状況が現れた。漢民族による2度の大規模移住によって、台湾における漢人社会・文化の基礎が築かれたのである。

　これらの漢人の多くは中国東南部の沿海地域からやって来たが、出身地が異なり、使用する言語も異なることから、閩南人（発音の違いから更に漳州訛りと泉州訛りに分かれるが、互いに意思疎通は可能）と客家人に分けられる。オーストロネシア語系の原住民と、閩南語系の漢民族、客家語系の漢民族の三大族群が共存する社会構造がこうして形成され、これが今日の台湾における多元的な文化の雛形ともなっているのである。

　17世紀末に、台湾は清朝統治期に入る。清朝は一度は台湾への渡航に禁令を発布し、許可証を持った独身の男性のみに海を渡って台湾へ来ることを許した。しかし移住者は絡繹として絶えず、彼らは中国から故郷の言語や文化を持ち込んで、また原住民女性と通婚した。こうした現象は、平地に居住する台湾原住民が次第に漢化していくことに繋がった。

1895 年から、台湾は日本統治期に入り、多くの台湾人が学校で国語教育、即ち日本語教育を受けた。台湾人が「国語」という概念に接したのはこれが初めてであり、日本語は台湾の異なる族群間における共通言語ともなったため、多くの台湾人が母語と日本語のバイリンガル能力を身に付けることとなった。

　1945 年に日本が戦争に敗れると、中華民国が台湾を接収し、大量の中国人が中国から台湾へ移住した。これが漢民族 3 度目の大規模流入の時期である。特に 1949 年に国民党政府が台湾へ遷ってからは、台湾へ来る人の数は更に増え、一説には 120 万人に達したとも言われる。彼らが一般に外省人と呼ばれる人々であり、これに対して、閩南・客家の二大族群を合わせて本省人と呼ぶ。当時の外省人は中国各地からやって来ており、中国語と中国各地の方言を使用していたため、日本語と台湾の本土言語しか話せない本省人や原住民との間では、コミュニケーションが困難であった。

　この時期に、台湾では再び国語教育が実施されたが、今度は中国語教育に改められ、これが台湾人 2 度目の「国語」経験である。戦後に生まれた世代は学校教育の普及により、大部分が母語と中国語のバイリンガル能力を身に付けたが、母語文化は弾圧を受けたため、若い世代の母語能力は次第に低下してきてもいる。

　1995 年に社会言語学者の黄宣範が、四大族群の人口比率について統計数値を出しており、それによると原住民 1.7%、閩南人 73.3%、客家人 12%、外省人 13% となっている。近年では、東南アジアの外国籍を持つ配偶者の数が激増し、台湾に更なる多様な言語文化を注ぎ込んでいる。相当な人数に上ることから、このように外国から台湾に移住した新住民（新移民とも）は、5 番目の族群と総称されている。


## 第 2 課　19 世紀台湾の言語・文字世界

　候孝賢監督の映画『戯夢人生』（1993）の中で、台湾人が閩南語で詩（「楓橋夜泊」）を吟じる一幕はとても印象的であるが、このシーンは布袋戯の国宝級の巨匠である李天禄の幼少期の回想である。当時は既に日本統治期に入っており、台湾人は日本語教育を受け始めていたものの、依然一部の児童は私塾で漢文を学んでいたのである。映画では、19 世紀の台湾に残された言語と文字の光景がはっきりと見て取れる。

　1895 年以前は、台湾はまだ清国統治期であり、閩南、客家、原住民の 3 つの族群がいた。言語は大まかに（1）漢語系の閩南語と客家語、（2）オーストロネシア語系の原住民語に分かれ、一方で文字には、漢字とローマ字の文献史料が伝わっている。

　中国東南部の沿海地域から台湾に移住した閩南人と客家人は、ともに漢人であるが、言語文化が異なる 2 つの族群である。一般にこの時期の歴史に対して持たれている認識は、以下のようなものである。閩南人は先に台湾にやって来たため、居住地の多くは平野に属しており、客家人はやや遅れてやって来たので、土地が比較的痩せた地域に居住し、両者の間では水源をめぐって、しばしば分類械闘が発生していた。

　閩南人は閩南語（「台湾話」や「台語」とも）を話す。人口が多く、居住地の分布も比較的広くて、台湾西部平原全体の大部分の地域を占めているが、故郷の発音の違いによって泉州訛りと漳州訛りに分かれ、例えば「魚」には hû（泉）と hî（漳）の 2 種類の発音、「火」には hé（泉）と hué（漳）の 2 種類の発音がある。一方で客家人は多く桃竹苗（桃園・新竹・苗栗）、高屏（高雄・屏東）、花東（花蓮・台東）の一帯に居住し、客家語にもいくつかの異なる下位方言があって、比較的優勢な四県訛りと海陸訛りは、互いに意思疎通は問題ないが、発音の差は小さくない。

　漢人とオーストロネシア系の原住民との間の交流にも、言語の上での障碍が存在し、しかも差異は更に大きい。原住民も山地に居住する高山族と平地の平埔族に分けられ、高山族と平埔族がそれぞれ更にいくつもの民族に分かれており、各々が異なる言語文化を有し、その複雑さは言うまでもない。

文字に関しては、19世紀の台湾は漢字文化の世界だったと一般的に考えられているが、それは漢民族の知識階層のみに限られたことであった。中でも名を上げようとする知識分子は、科挙の試験に参加することを目標として、幼い頃から私塾に通って漢文を学習し、漢文化の影響を特に強く受けた。閩南・客家籍の知識分子の言語は異なるが、読み書きする漢文の文体は同じであり、漢文は相互交流の架け橋であった。ただし漢文の朗読はそれぞれの母語で行われたため、「文」（書き言葉）は同じだが「語」（話し言葉）は異なる世界だったのである。

　文字はなかったというのが、原住民語に対する一般的な認識であるが、19世紀の台湾にはローマ字の史料も存在し、例えば漢人と原住民が結んだ土地契約書がその一つである。この他に、来台した西洋の宣教師もローマ字で原住民の言語を記録しており、当時の原住民語の聖書はローマ字で書かれていたのである。

　閩南・客家籍の漢人の多くも、実のところ漢文教育とは無縁であったが、西洋の宣教師がキリストの教えを広めた影響の下で、少数の台湾人はローマ字で台湾語を書くことを学んでおり、これが現在「白話字」と呼ばれるものである。漢文と異なるのは、白話字が記録したのは一般庶民の生活言語であり、そのため「言」と「文」が一致していたということである。1885年に英国籍の牧師バークレーが台南で発行した『台湾府城教会報』は、白話字で著された刊行物であり、これも当時の台湾社会を知る重要な史料の一つである。この新聞はその後、1932年に『台湾教会公報』と改称されており、第二次大戦中に一時期停刊を余儀なくされ、戦後は復刊することができたものの、1970年以降、今度は国民党政府の弾圧により、中国語で発行されるようになった。

## 第3課　台湾人の言語とアイデンティティ、この百年

　元総統の李登輝（1923〜2020）は日本統治時代の生まれで、日本名を岩里政男といい、かつて公の場で22歳以前は日本人だったと語ったこともある。彼の一生における言語体験には、この百年来の台湾社会が映し出されている。

　1895年に台湾は日本統治期に入り、元々いた閩南、客家、原住民の三大族群の他に、日本人も加わり、その人口比率は1905年に台湾総督府が実施した常用語使用状況調査から知ることができる。当時、閩南語は福建語と呼ばれ、客家語は広東語と呼ばれており、人口約300万人の台湾において、福建語常用者は84.49%、広東語常用者は12.01%、原住民語常用者は1.42%、日本語常用者は1.9%を占めていた。

　李登輝は閩南語を使用しており、彼の父方の先祖は恐らく福建語常用者の所に分類されていたであろう。しかしかつて、彼の「福佬客」の身分が盛んに取り沙汰されたことがあった。ここでいう福佬客とは、隠れた客家人のことを意味しており、客家人であるけれども、居住地で閩南人が多数を占めていて、長年閩南語を使用してきた結果、閩南人であると自認するようになったのである。客家人には「先祖の田畑を売ろうとも、先祖の言葉を忘るるなかれ」ということわざがあるが、この言葉からは、言語が失われると族群のアイデンティティに変化が生じてしまうことへの焦慮が見て取れる。

　日本統治期には学校教育が普及し、それにより多くの台湾人が日本語を習得した。閩南、客家、原住民の間では、日本語の登場で共通の言語を得ることとなり、それにより族群の垣根を越えてコミュニケーションを図ることが可能になった。台湾意識の萌芽は、この時期から始まったのだと言う人もいる。

　李登輝は高学歴の台湾籍エリートで、台北高等学校（現在の台湾師範大学）を卒業後、京都大学に進学しており、完全な日本語教育を受けた世代で、日本語のレベルは言わずもがな、それどころか母語の能力を凌ぐほどであった。こうした世代は、1945年に中華民国政府が台湾を接収した後に、言語の転換という苦境に直面することになった。「国語」が日本語から中国語へと替わったことに対する焦りは、想像に難くない。日本統治時代に頭角を現した多くの作家が、戦後の一時期は創作の意欲を殆

ど失ってしまっていた。

　この他にも、国民党政府は国語（中国語）運動を推進するだけでなく、日本語を禁じて、母語を弾圧したが、それは台湾人のアイデンティティを変えることによって、自らの「大陸反攻」という目的を達するためであった。学校教育の影響の下で、「私は中国人だ」という世代が出現したが、これは前述した日本語世代の言語やアイデンティティと、強烈な対比を成している。

　日本語世代の台湾人も、戦後は積極的に中国語を学習したが、それは容易な事ではなかった。彼らが自分の子供達と会話をする際に、多くは母語を用いる。しかし母語文化は弾圧され、長い間、台湾人は学校で母語を話すと罰を受けていた。少なくとも現在5、60歳以上の台湾人ならば、皆方言札を掛けられたり、罰金を払った経験があるものである。

　母語文化が弾圧される状況には、1990年代になってようやく転機が訪れた。台湾に生まれて、何故中国語と中国史だけしか学ぶことができないのかと、台湾人は反省し始めたのである。台湾意識の抬頭は、教育内容の改革の原動力となり、それによって2000年以降は台湾の歴史と言語文化の教育内容が大幅に増加した。

　けれども、母語の能力は一旦失われると、取り戻すことが難しいものである。今や、中国語は台湾社会の主流言語となり、多くの若年世代の母語能力は衰退してきている。懸念されるのは、母語が徐々に失われていき、中国語だけが残った時、台湾人のアイデンティティは危機を迎えるのではないか、ということである。その可能性は存在する。しかし、少しほっとさせてくれるのは、一部の台湾人が繁体字や注音符号、台湾風の語彙に対して見せる愛着が物語っているように、台湾華語の特色を通して自らのアイデンティティを構築しようと今まさに試みている人もいるということである。


## 第4課　天然独世代と「郷土」としての台湾

　天然独世代とは、生まれた時から台湾独立の意識を持っている若年世代を指す。彼らの「独」がどこから来たのかについて、私は生まれついたものと言うより、学校教育の産物と言うべきであると考えている。

　2つの出来事を、私は鮮明に覚えている。

　1993年、一人の台北市会議員が議会で質疑を行った時に、その場にいた262名の学校長に2つの問題を出した。1問目は長江は中国のどの省を通っているか、2問目は台湾北部の淡水河の源流はどこかというものであった。1問目は、全ての人が正解したが、2問目については、誰も答えられなかった。同じ時期に、日本の交流協会が実施した日本留学奨学金の試験でも、台湾の河川に関する問題が出された。問題は受験生に河川を北から南の順に並べさせるというものだったが、結果は全滅であった。この2つの現象はどちらも、かつての世代の台湾人が受けてきた教育は、「台湾」が見えないものであったことを反映している。

　こうした現象により、台湾人は学校教育について改めて考え直すこととなり、また1990年代に教育内容に転機が訪れることにも繋がった。一部の小学校は課外活動の時間で母語教育を推進し、小中学校のカリキュラムにも3つの科目が加わった。（1）小学校中・高学年の「郷土教学活動」、（2）中学一年生の「郷土芸術活動」、（3）中学一年生社会科の「認識台湾（台湾を知る）」（歴史篇、地理篇、社会篇）である。

　当時、これらの科目は郷土教育と総称されており、最大の特徴は学習の同心円構造である。即ち「郷土→台湾→中華民国→世界」ということであり、台湾人はようやく台湾の言語文化と歴史を学ぶ機会を持ったのである。けれどもこの同心円構造は郷土の定義が曖昧模糊としたものだったために、異なる主張を生み出すこととなり、中華民国派の持つ郷土観が「郷土（台湾を含む）→中国→世界」であったのに対して、台湾本土派の郷土観は「郷土→台湾→世界（中国を含む）」だった。両者の違いは、ナショナル・アイデンティティをめぐる争いと言っても過言ではない。

それ故に、台湾史は果たして国史なのか郷土史なのかについては、論者が銘々に意見を述べ、結論は定まっていない。定義が曖昧な郷土観は、当時の台湾における郷土教育の一大特徴であったが、外国人にとって、恐らくこれはかなり理解し難い現象であろう。けれども私の見る所では、郷土の定義の恣意性は、1990年代の郷土教育が圧力を受けなかった重要な要因である。だからこそ、『認識台湾』（試用版1997年、正式版1998年）の教科書の内容、例えば「私達は皆台湾人である」であったり、「台湾意識」といった用語が論戦を引き起こしながらも、台湾人が「郷土」台湾を学ぶべきであるということに反対する人はいなかったのである。

郷土教育は実施して僅か数年で終わったものの、2000年以降の台湾本土化教育のための基礎を打ち立てた。2000年以降の「九年一貫課程綱要」（日本の「学習指導要領」に相当）では、もう郷土科は設けられなくなったが、教育内容の全面的な郷土化を強調し、台湾地理、台湾史、台湾文学の教授比率が大幅に増加しただけでなく、更に母語（郷土言語や本土言語とも）の授業が加わった。若年世代の郷土観、歴史観、言語観も、こうしたことから上の世代とは異なってきたのである。

彼らが即ち所謂天然独世代である。十数年前、私は郷土教育をテーマに博士論文を執筆した時に、新たな台湾アイデンティティが教育内容の改革によって徐々に形成されていくだろうと指摘したことがある。当時、同じ研究室にいた日本人の学生から、この考えは楽観的に過ぎると言われたが、天然独世代の出現は、間違いなく最良の答えを与えてくれているだろう。

# 第5課　映画『海角七号』から見る現代台湾の言語、世代差と族群

『海角七号』は2008年に製作された台湾映画で、輝かしい興行成績だけでなく、そのストーリーや題材も盛んに話題となった。この映画を通して台湾人の日本観を探る学者がいれば、この映画を使って台湾語（閩南語とも）を教える学界の友人もおり、更にはこの映画を通じて台湾の族群問題を論じる論文も存在する。大衆映画がこのように人気を博すのは、確かに並大抵の事ではない。いずれにせよ、台湾人の生活のあらゆる側面を包含したこの映画は、多方面から注目を集めた。

戦前台湾に住んでいたことのある湾生の友人から、この映画を観に行こうと誘われた。既に台湾で観たことのあった私は、翻訳された作品に興味を持ち、好奇心を抱きつつ、一緒に鑑賞した。しかし日本の映画館に座りながら、周囲の観客の反応が意外にも低調で、多くの台湾人が面白いと感じる所で、日本人が全く心を動かされていないことに気がついた。翻訳の問題か、それとも国民性なのか……？　今に至るまで、この謎は解けていない。

台湾人がこの作品を気に入ったのには、ストーリー以外の主要な原因として、映画が「我々の言語」と「我々の記憶」を反映していることがある。台湾には四大族群がおり、それぞれ原住民、閩南人、客家人及び外省人である。元々は互いに言葉が通じない四大族群であるが、日本統治期の日本語教育と戦後の中国語教育を経て、異なる世代と族群の間における言語使用には変化が生じた。それらの変化が作品中に一つ一つ表現されており、『海角七号』はまるで今日の台湾の縮図であるかのようだ。

物語は台湾南部の小さな町——恒春で展開される。描かれるのは戦前と戦後の台日のラブストーリーであり、その中に、いくつか印象深い言語の設定と人物の配置が見られる。60年前に台湾を離れた一人の日本人教師が、手紙の中で敗戦国民の悲しみと初恋の相手に対する思いを日本語で訴える。女性主人公の友子も日本語を話すが、彼女は成功を求めて日本から台湾にやって来た若い女性であり、日本語だけでなく、流暢だが外国人訛りの中国語も話す。80歳に近い茂伯仔*は日本語と台湾語を話し、60歳前後の地方議会議長はほぼ台湾語だけで話す。若い男性主人公の阿嘉*に関しては、中国語も台湾語も話すが、どの言語を選ぶかは話す相手を見て決めており、以上3人の人物設定は、閩南人であると推測される。客家人の馬拉桑は中国語と、台湾語も少し話し、作品中では客家人の仕事に勤勉なイメージが強調されている。原住民の警察労馬は中国語と、台湾語も少し話し、肌は黒くて顔立ちは彫りが深く、更に原住民語の歌を歌うことから、すぐに原住民であることが連想されるようになって

いる。小学生役の大大は中国語のみを話す一方で、町を走り回っている他の子供達は台湾語を話す。

中国語と台湾語が交互に使用されるのがこの映画の一大特色であり、台湾人のリアルな生活を映し出してもいる。特に台湾南部では、中国語と台湾語が入り混じる場面がとても多い。この他に、小学生役の大大と茂伯仔の会話もとても面白い。2人の間では、一人は中国語を、一人は台湾語を話していて、あたかも互いに噛みあっていないかのように見えるが、対話はスムーズに行われており、これも台湾のリアルな生活の一部である。つまり、若者はあまり台湾語を話せないけれども、台湾語を聞いて分かる人は少なくないので、年長者と話す時にも問題はないのである。

日本語が大量に現れるのも、この映画のもう一つの大きな特徴である。実際には、現在の台湾における若者の多くは日本語を聞いても理解できない。しかし若者達は中国語字幕を通して、埃まみれの恋文から漂う耽美な情景を感じ取ることができるし、また年配のお爺さんやお婆さん達がこの映画を通して、彼らにとって馴染み深い日本語を味わい、日本時代の思い出が呼び起こされることを願ってもいる。

『海角七号』は、台湾人の言語を描き出しているだけでなく、台湾人の記憶を語ってもいるのである。

※「茂伯仔」、「阿嘉」は一般的に台湾語で発音され、「Bō-peh-á」、「A-ka」と読まれる。


## 第6課　消えつつある平埔族

かつて台北市永吉国小（国民小学＝小学校）に勤めていた葉先生は閩南人である。彼女は台湾史研究のプロジェクトに参加した過程で、ふと自らの家族史に興味を抱いた。それで戸籍事務所に駆け込み日本統治期の戸籍資料を取り寄せて閲覧したところ、意外にも当時の戸籍資料上に平埔族の記録を発見したのである。葉先生は興奮して言った。「ずっと自分は漢人だと思っていたけれど、私には原住民の血が入っていたのか」。

このような台湾人は少なくない。平埔族が漢化したことは周知の事実であり、多くの台湾人が自分に原住民の血が入っているだろうと思っているが、葉先生のように実際に資料を取り寄せて確かめに行く人は少ない。「有唐山公、無唐山媽」※という台湾語のことわざがあるが、これも葉先生の逸話を裏付けている。このことわざは巷に流布しているだけでなく、近年は歴史教科書にも登場している。台湾人はかつて中国のことを唐山と称しており、このことわざの意味は、唐山から来た漢人男性の祖先はいるが、唐山から来た漢人女性の祖先はいないということで、漢人の男が中国から台湾に移住した後に、台湾で現地の原住民の女と通婚して、現在の台湾人が生まれたということを物語っている。従って、今日の台湾における四大族群という分類も、自身についての民族的想像による所が大きいのである。

台湾原住民は人種的にはマレー系、言語はオーストロネシア語族に属し、大まかに言って山地に住む高山族と平地に住む平埔族に分けられる。清領だった時代には、前者は生番と呼ばれ、漢化の程度が比較的低い番人を意味し、後者は熟番と呼ばれ、漢化の程度が比較的高い番人を意味した。しかし、「番」は野蛮人の意味であり、こうした差別的な用語は、現在では用いられなくなっている。

今現在よく知られている台湾原住民は全部で16族に分かれており、多くは山地に住む高山族である。平地に住む平埔族は、今では宜蘭一帯のクバラン族と阿里山付近のサオ族がその流れを汲み、16族の原住民に含まれている以外には、ほぼ既に歴史用語となってしまっている。日本統治期の文化人類学者伊能嘉矩は『台湾蕃政志』（1904）において、平埔族を10族に分類しており、この事は当時多くの平埔族が言語文化的特徴をまだはっきりと残していたことを示している。しかし、今や平埔族は漢化が顕著で、彼らの容貌や言語については、専門書籍を通じて多少窺い知ることができるのみである。

17世紀以前の台湾原住民の歴史は、漢人の旅行記からほんの一部を知ることができるが、自ら書か

れた文字による記録はなく、唯一伝わっているのが「新港文書」である。この史料の年代は17世紀から19世紀にかけて、100年余りの長きに亘っており、およそ100件余りが伝わっていて、文字はローマ字が使われ平埔族のシラヤ語が書かれている（シラヤ族は今日の台南新市区一帯に分布している）。17世紀にオランダ人が台湾南部を統治していた時期（1624〜1662）に、ローマ字を用いて当地の原住民の話し言葉が記録されたのである。

　オランダが台湾を離れてから、当地の原住民はその後も暫らくの間このローマ字で文章を書いていて、彼らが残した文字を新港文と呼び、史料群のことを新港文書と総称する。内容の多くは漢民族と平埔族の間で結ばれた土地契約であり、漢字と新港文が並記されたものも少なくない。これらの史料を通じて、当時の平埔族の社会や文化を解き明かすことができるが、とはいえシラヤ語はとうに継承が途絶えてしまっており、解読できる学者が非常に限られていて、史料群の解読作業は今なお学者達によって進められている最中である。

※「有唐山公、無唐山媽」は一般的に台湾語で発音され、「ū tŷng-suaⁿ-kong, bô tŷng-suaⁿ-má」と読まれる。


## 第7課　閩南人から見た客家の人々の印象

　社会言語学者黄宣範の調査研究によれば、台湾の四大族群の人口比率は、それぞれ閩南人73.3%、客家人12%、外省人13%、原住民1.7%である。この文章のテーマになっている閩南人と客家人は、およそ2、300年前に中国から台湾へ移住して来た漢民族である。彼らの移住の歴史は東南アジアの国々の華人と大きな違いはなく、多くは中国東南部の沿海地域からやって来ており、生活の糧を求めて故郷を離れ、はるばる海を越え成功を求めて外地に渡った人々で、当然一部の人は現地人と通婚した。

　私の先祖も同様で、一族の年長者の話から知り得たところでは、先祖も台湾に移住した後に、原住民（平埔族）と通婚した経験があるという。こういった年代の古い家族史のことはひとまず措いておくとして、私自身の経験からは祖父母世代の歴史までしか遡ることができない。外祖母は客家人なので、私は客家の血を四分の一引いた閩南人であり、もしかすると客家語が話せないせいで、いつも自分は客家人には属していないと感じるのかもしれない。またそれ故に、この文章も、一人の閩南人の視点から客家を論じたものであり、客家の血を引く閩南人が客家人と客家文化をどのように紹介すべきかは、私にとって本当に悩ましいところだった。

　台湾史の記録によると、閩南人が台湾に来た時期は客家人より早く、そのため後から来た客家人の多くは土地が比較的痩せた地帯に居住し、閩南人と客家人の間では言葉が通じないので、それぞれの生活圏が形成された。しかししばしば水源をめぐって衝突が発生し、これは歴史上「分類械闘」と称されている。

　私は小さい頃から母方の祖母と一緒に暮らしていたので、本来なら客家語を習得する機会があったのである。小学校時代は学校給食がなく、弁当を持って来ていない人は、お昼の時間を利用して家に帰ってご飯を食べることができた。これは現在の子供達には想像し難いことであろう。外で働く女性であった母は弁当を作る時間がなく、私はそのために転校までして、祖母の家の学区に移り、毎日祖母の家で昼ご飯を食べていた。言い方を換えると、私は幼少期の半分の時間、客家文化の環境に身を置いていたのだが、にもかかわらず客家語を習得することはついぞなかったのである。祖母の実家から人が訪ねて来ると、祖母は必ず客家語で話していたが、幼い私は、馴染みのない言葉をいつも避けていた。

　不思議なのは、私の閩南語（「台語」や「台湾話」とも）はこの祖母から学んだということである。祖母は中国語ができないので、私が物心ついて以来、ずっと祖母とは閩南語で話していた。何故そうしていたのかは、いまだに分からないのだが、多分周囲の隣近所の人達が皆閩南語を話していたからであろう。客家人は台湾社会における透明人間だと言われることもある所以である。

台湾の客家人は、中壢、桃園、新竹、苗栗、高雄、屏東等の地域に遍在し、客家語も四県、海陸、大埔、饒平等の訛りに分けられる。私の印象では、新竹の客家人の友人を祖母の家に連れて行った時に、発音や語彙に少し違いはあっても、2人の間で少なくともコミュニケーションを取って会話はできていた。

　しかし、閩南人の集落に住む客家人で客家語ができない人も少なからずいる。長年閩南語を使用してきた結果、彼らは閩南人であると自認するようになっており、これが所謂閩南化した客家人である。彼らは「福佬客」と呼ばれており、血筋の上では客家人だが、アイデンティティは閩南人なのである。

　私の客家人に対する印象は勤勉で質素というものであり、これは私が祖母から受けた印象でもある。だから台湾人はよく、客家の女性を嫁に貰うのは良いが、客家人に嫁いでお嫁さんになると苦労する、と言う。これは一種のステレオタイプの印象だが、質朴や勤勉、きれい好きといった民族性は日本人と近いと言う人もおり、そのため、こうした集団としての客家のイメージが異なる国にいる2つの民族間の距離を近づけてもいる。

　客家文化と言えば、客家グルメが連想されることが多く、例えば「客家小炒」や「薑絲大腸」、「梅干扣肉」等々である。近年では、客家委員会や客家テレビ、大学の客家関連学部も積極的に客家語と客家文化の普及を推進しており、もし客家文化についてより一層理解を深めたいと思ったら、これらの機関のウェブサイトを通じて調べることができる。

　私は自身の言語的アイデンティティから、ずっと閩南人だと自認してきたが、何が心残りかと言えば、それは客家語を習得してこなかったことである。言語と歴史は往々にして一人の人間のアイデンティティを決定する鍵となる。もし私が小さい頃から客家語を話せていたら、ひょっとすると現在の状況は違っていたかもしれない。


## 第8課　外省人の歩んだ時代とその軌跡

　1984年台北にて、とある大学のある学部が新入生歓迎会を開催した。この歓迎会は新入生の自己紹介で幕が開けるのだが、自らを外省人だと紹介した一人の新入生が、その場に居た全員を笑いに包み込んだ。彼は彰化から来ており、台湾国語と、時に流暢な台湾語を話したため、学生達は皆自らの耳を疑ったのだった。

　この新入生は、2021年の今、既に中年のオジサンになっている。彼は確かに外省人で、父親が戦後に国民党と共に台湾に来た外省人なのだが、彼は小さい頃から本省人の子供達と一緒に遊んでいたので、台湾語は中国語よりも更に流暢である。その当時、外省人の身分はある種の社会的な地位の象徴であった。彼らの多くは標準的な発音の国語を話して、スピーチコンテストではいつも優勝をかっさらい、自己紹介の時も自らの外省人の身分を隠すことはなかった。これは1990年代以降の雰囲気とはまるっきり異なる。

　一体台湾の外省人とはどのような族群なのだろうか？　学界では彼らは台湾の総人口の13％を占めると言われるが、この数字は1990年代に社会言語学者の黄宣範教授が行ったフィールドワーク以来、未だ更新されておらず、今となっては恐らく右に出る者はいないだろう。原因は台湾人の族群の境界がどんどん曖昧になってきていることにある。特に若い世代では、たとえ外省の血を引いていたとしても、「純粋な」外省人は少なく、異なる族群の間での通婚が、族群意識に変化を生じさせているのである。

　外省人の歩んだ時代とその軌跡について話すなら、日本が敗戦した年である1945年にまで遡らなければならない。齊邦媛の『巨流河』（2009）と龍応台の『大江大海──1949』（2009）はどちらも、この頃の歴史を克明に描写している。戦後、大量の外省人が国民党と共に台湾へやって来て、正確な人数は統計がなく、答えは定まっていないが、一説によると人数は120万人にも達したという。彼らの多くが所謂「眷村」に住み、その中には知識分子もいれば、文字も読めない下級兵士もいた。彼らは

中国の津々浦々からやって来て、それぞれに異なる母語を話していたが、母語が中国語であるとしばしば誤解されている。もしかすると彼らが台湾に来てから、本省人が聞いても分からない言葉は全て中国語と括られたのかもしれないし、中国語が彼ら内部で互いに交流するための共通言語だったのかもしれないが、いずれにしろ、外省人は「標準国語」とイコールで結ばれがちである。この他にも、初期の外省籍知識分子は社会経済的地位が相対的に高かったことから、本省人は外省人を富と権力の象徴と見做し、それに伴って族群対立の現象も現れた。

　大陸反攻や故郷への帰還が、初期の外省人達の願いであったが、1987年以降、戒厳令の時代の終わりとともに、両岸が自由に往来できるようになった時、彼らの多くは台湾に定住することを選んだ。フランス人学者ステファン・コルキュフ（Stéphane Corcuff）の著作『風和日暖』（2004）は、彼らの台湾アイデンティティはとっくに形成されており、単に自覚していなかっただけであるとさえ指摘した。外国メディアは外省人と「親中派」をイコールで結びがちだが、実際のところ強い台湾アイデンティティを有する外省人は少なくなく、また親中派が外省人であるとは限らないのである。

　台湾の外省人はその他の族群と比較すると、しばしば故郷の意識と言語的アイデンティティの上で、大きな差異が存在する。しかし戦後数十年の歳月は、彼らの故郷の意識と言語的アイデンティティを変え、若い世代の台湾人からは族群の身分を象徴する明らかな特徴を見出すことも難しくなっている。台湾における四大族群の間の境界も、次第に曖昧になってきているようである。

## 第9課　台湾原住民のルーツ探しの旅

　台湾国立政治大学民族学部の王先生が、以前ちょっとした経験談を私に話してくれたことがある。王先生の専門は台湾原住民研究で、よく日本のアイヌ民族研究の学界と交流を行っていて、学会に参加しに北海道に赴いたことがあり、その際札幌で一人の日本人の若者と知り合った。王先生は北海道の人ならばもしかしたらアイヌの血を引いているかもしれないと思ったので、彼にアイヌの方ですかと尋ねたのだが、相手の答えは不思議なものだった。彼は「私は違いますが、父はそうです」と言ったのである。王先生は咄嗟に何と返事をしてよいか分からなかった。その理屈がよく理解できなかったからである。彼のお父さんがそうだとしたら、何故彼は違うのか。このような現象は日本のアイヌ民族にだけ見られるものなのだろうか？　それとも世界各国の少数民族にも似たような状況があるのだろうか？　また台湾原住民はどうだろうか？　これらはどれも考えてみる価値のある問いである。

　台湾の四大族群の中で、オーストロネシア系の原住民は最も早く台湾に定住した人々である。しかしそれぞれの時期における外来の統治者達によって、長年差別をされてきており、また異なる名前で呼称されてきた。歴史的には、清代は番と呼ばれ、漢化の程度が低いものを生番、漢化の程度が高いものを熟番と呼んだ。日本統治期は蕃人と呼ばれて、また生蕃と熟蕃に分けられ、前者は言語文化の違いから、更に9族に分類されて、後に高砂族と改称された。1945年以降は国民党が台湾にやって来て、高砂族は山地同胞（「山胞」と略称）と改称されたが、これらの呼称はどれも多かれ少なかれ侮蔑的な意味を帯びたものだった。

　1994年以降今度は統一して「原住民」と呼ばれるようになった。これは原住民族が正しい名前を求めて勝ち得た成果であり、元から台湾に定住していたという意味を表し、「原住民族委員会」の公式サイトには以下のような説明がある。

　「原住民族は約57万1816人おり、台湾の総人口の2.4%を占めています。現在のところ、政府の認定を経た原住民族には、アミ族、タイヤル族、パイワン族、ブヌン族、プユマ族、ルカイ族、ツォウ族、サイシャット族、ヤミ族、サオ族、クバラン族、タロコ族、サキザヤ族、セデック族、ラアロア族、カナカナブ族といった16族があり、各族群が自らの文化、言語、風俗や習慣と社会構造を有しています。台湾にとって、原住民族は歴史と文化の重要な拠り所であり、唯一無二の美しく貴重な宝でもあるのです」

ここから分かるように、台湾原住民族は日本統治期の9族から16族に増え、総人口に占める割合も1990年代の1.7%から2.4%に増えている。この増加幅は、何を意味しているのだろうか？

　1990年代は原住民がアイデンティティを取り戻した時代であり、その後から、原住民文化は台湾の多様性を象徴する重要な要素となった。原住民の地位が向上したのみならず、民族意識が湧き起こる過程で、以前は大雑把に分類されていた民族も、2001年以降積極的に政府の認定を勝ち取って独立するようになり、それによって以前より7族増加したのである。

　ただ、原住民語継承の危機は依然として存在し、王先生が指摘したところでは、台湾原住民の中で20%の人が母語を流暢に話すことができるが、それは50歳以上の年齢層にのみ分布しているという。そのため、政府機関は原住民の母語文化振興を積極的に支援している。例を挙げると、1996年に「原住民委員会」が設立され原住民関連の業務を推進し、2005年に原住民族専門のテレビ局（「原民台」と略称）が設立され、原住民語のニュースと原住民関連の番組を恒常的に放送するようになり、2017年には「原住民族言語発展法」が公布施行され、原住民語の復興が強化されている。

　また人口の総数に占める割合が1.7%から2.4%に増加したことは、ルーツ探しをする原住民が増加したことを意味している。2008年に修正された「原住民身分法」では原住民の身分を取得する方法が何通りか規定されており、その一つが戸籍謄本に基づいて（身分の）回復を申請できるというものである。ただし話によると、日本統治期の謄本が唯一の根拠であり、「生」や「高」と記載されている人のみが認可され、逆に、「熟」や「平」、「福」、「広」と記載されている人は皆駄目だという※。もう一つは、夫婦双方の内どちらか一方が原住民であれば、その嫡出子は原住民として登記可能になるというものである。

　もしかするとこうした事が原因で、台湾原住民の割合は増加したのかもしれない。これは日本のアイヌ民族とは明らかに異なる。日本のアイヌの民族意識が日に日に薄れてきている一方で、台湾の原住民は政策や法令の保護により、自分達のルーツ探しの動機を強めているのである。

※「生」と「高」は生蕃（高砂族）、「熟」と「平」は熟蕃（平埔族）を指す。「福」は福建を指しており、日本統治期の戸籍謄本では閩南人を「福」と記載していた。「広」は広東を指しており、日本統治期の戸籍謄本では客家人を「広」と記載していた。


## 第10課　台湾の小学校の多言語教育

　台湾の児童は一体どういった語文科目（言語関連科目）を学んでいるのだろうか？　表1から分かるように、台湾の小学校では「国語文」、「英語文」、「本土語文」及び「新住民語文」といった科目が開設されている。この表は教育部が公布した『十二年国民基本教育課程綱要』に基づいて作成したものだが、そこには小学校、中学校、高校の3段階が含まれ、2019年に正式に実施が開始された。西暦2019年は民国108年に当たるため、「十二年国民基本教育課程綱要」は略して「108課綱」とも呼ばれる。

　実のところ、こうした課程の枠組みは、決して最近になって始まったものではない。2001年から実施された「九年一貫課程綱要」が、この課程の基本的枠組みの雛形である。それより前は、台湾の教育内容には台湾の主体性が乏しく、台湾の本土言語も教えられていなかった。2001年に制定された「九年一貫課程綱要」が、大きなブレイクスルーであったと言え、その後の「課程綱要」の内容はほとんどが細かな修正や微調整に過ぎない。

　再び小学校の語文科目を見よう。表1が示すように、所謂「部訂課程」、即ち教育部が定めた学習領域は、小学校の語文学習の内容に「国語文」、「本土語文」、「新住民語文」及び「英語文」が含まれることを規定している。「国語文」科目以外に、「本土語文」も教えることは、母語継承及び台湾の主体意識向上のために設けられたものであり、「英語文」を教えるのは世界と繋がり、国際化を推し進めるためである。新住民語文教育については、本書の第30課に詳しい説明があるので、ここでは省略

する。

「国語文」は中国語を指し、毎週5から6時限あり、授業時間は最も多い。「本土語文」は台湾の大多数の人々の母語を指し、閩南語、客家語及び原住民諸語が含まれ、児童はこれらの言語の中から一つを選んで学習することができる。英語教育も小学校から始まり、課程綱要では英語は3年生から教え始めると規定されているが、各学校の裁量で自由に運用できる時間があり、多くの小学校が1、2年生の児童に対しても英語の授業を開設している。

「国語文」科目は全ての学習の基礎であり、「英語文」は進学と将来の進路と密接に関わるため、多くの保護者が子供の学習を後押しし、幼稚園の段階で子供をバイリンガル幼稚園に通わせる保護者すらいる。本土言語科目については、母語継承と関わる問題と考え、積極的に子供の学習を後押しする人もいるが、進学と将来の進路にとってあまり助けにならないと考え、消極的な態度を取る人もいる。

では、台湾の小学生は本土言語科目が好きなのだろうか？ 一人の子が私に教えてくれたところでは、先生に歌うことや、話すことを教わって、しかも試験がないので、気楽に感じられて、結構好きだということである。

試験をしないということは、言語学習の成果が大きく減少することを意味するが、試験が多過ぎて学習の負担が増え、子供が学習を嫌いになってしまったら、それも本末転倒である。多言語教育は簡単なように見えて、実は考慮すべき問題が少なくない。理想と現実の間の落差から、カリキュラムの設定には多方面への配慮が必要となり、その難しさは想像を超えるものである。

## 第11課　中国語のもう一つの「標準」——台湾華語

外国人の多くは中国語を学習する際、最初は皆中国の「普通話」を学ぶが、台湾に来ると、台湾の中国語がかなり違うことに気づくだろう。私も初めて台湾に来た時に、似たような経験をした。ある時私は友人に、「這裡有垃圾（lājī）箱嗎？」（ここにごみ箱はある？）と尋ねたのだが、友人は何の事やらさっぱり分からないという感じで、当時意味が伝わらずに困ったことは、今でも鮮明に覚えている。台湾では、「垃圾」（ごみ）は lèsè と読み、漢字の書き方は教科書で学んだものと完全に一緒なのに、発音が全く異なり、大変意外であった。

台湾華語と中国の普通話で、最も大きな違いは漢字の書き方と発音表記の記号にある。中国が簡体字と漢語拼音を使用している一方で、台湾は繁体字（正体字とも）と注音符号（図1と図2を参照）を使用している。これらはどちらも一目で分かる違いで、教科書でも説明されているので、台湾に着く前に、心の準備が既に出来ていた。

けれども、台湾に着いてすぐ、最初に感じたのは発音の違いであり、一番驚いたのは何と言っても捲舌音である。例えば「好吃」（美味しい）は、年配の人はよく「hǎocī」と読み、若者の発音は「chī」と「cī」の中間で、捲舌の特徴はあまりはっきりしない。捲舌音は外国人学習者にとって、非常に手強いものと言えるが、台湾に来ると、「あの時何のためにあんなに苦労したんだろう…」と思うかもしれない。アル化音も同じで、台湾人の話す「二」と「餓」は聞いたところ何の違いもないように感じることがよくある。これらの特徴は、台湾に限らず、実際のところ中国の南方にもあり、各地の方言にこれらの発音がないためであると推測される。この他に、軽声の発音が比較的少ないことも、大きな特徴である。例えば「東西」（東西／もの）という単語は、方位を指すことも、物を指すこともでき、両者の違いは、語尾が軽声か否かによって識別されるのだが、どちらであっても、台湾人は第一声で読むのである。

面白いことに、一般の人々の言葉には上述した特徴があるのだが、テレビのアナウンサーやテレビ番組の中国語によるアフレコは異なり、それらの発音はほぼ教科書通りである。台湾の中国語は元々、中華民国が中国大陸にいた時に制定した国語なので、台湾も過去の伝統を継承しており、捲舌音と軽声はどちらも教科書の標準発音には存在するのである。

ただし、教科書の標準発音にも中国と異なる部分は少なからずある。これは漢字の読みについて定めた規準が異なるためであり、前述した「垃圾」はその一例である。声調の違いもよく見られ、例えば「星期」（週）の「期」は、中国は第一声だが、台湾は第二声であり、これはちまたの間違った発音というわけではなく、台湾の国語辞典に記載されている標準発音である。両者の違いは、中華人民共和国成立後の、言語標準化の課程で生まれたものと推測される。

　更に文法についても、いくつか違いがある。最もよく見られるのは助動詞「有」の用法である。例えば、「我有去過日本」（私は日本にいったことがある）、「你有在看嗎？」（あなたは見ていますか？）のように、「有」は動詞の前に置かれ、強調を表し、中国にこうした用法はない。台湾語にも似た用法があるので、台湾語の影響を受けて生じた言語変化であると推測される。

　上述の通り、同じ中国語であっても、台湾と中国には確かに多くの違いがあり、しばしば学習者を困惑させる。しかし、これはアメリカとイギリスの英語や、スペインと中南米のスペイン語のようなもので、世界の言語には、往々にして異なる「標準」が存在する。こうした言語には、基本的にコミュニケーション上の問題はないのだから、どちらか一つしか学ぶことができないと自分を制限する必要はなく、個人の興味や目的によって、その中から選択して各自の特色を育てるのも悪くないだろう。

## 第12課　「国語」か？　それとも「華語」か？

　台湾で、よく人からこのように褒められることがある。「国語を話すのがお上手ですね！」、「君の国語はとても標準的だね！」私は内心、これらは勿論お世辞であると思っているのだが、最初に感じたのは、「僕の「国語」は日本語でしょ。なんで中国語？」ということだった。日本人も「国語」という単語を用いており、日常生活において、最もよく使われるのは学校の国語科の科目名であるが、外国人に対して「国語がお上手ですね」と言うことは決してない。

　台湾人は一般的に所謂標準中国語のことを「国語」と呼ぶ。けれども実際のところ、「国語」という語本来の意味は「national language」、即ち「国家言語」であり、特定の言語の固有名詞というわけではない。しかし、戦後の台湾では、標準中国語が日本語に取って代わって国家言語となり、そのため日常生活では、台湾人はこの２つの語をいっしょくたにしてしまっている。こうした現象の結果として「中国語」は「国語」と等しいものとなり、ひいては両者が同義語となったのである。

　最初に友人から「国語」が上手だと褒められた時には、違和感を覚えていたが、友人達の使用頻度があまりに高いので、しばらく経つと、私も慣れてしまった。徐々に、私もしばしば「僕が国語を話す時…」等と口をついて言ってしまうようになり、そんな時、逆に友人から「君の国語は中国語じゃないよ！」と注意されると、私は心の中で「全部あなた達のせいじゃないか」と呟いていた。

　友人の反応から見るに、台湾人の言う所の「国語」は、多くの場合「中国語」と同義だが、同時に「国家言語」の概念も含んでおり、「中国語」だけを指しているわけではないと思われる。実際に、台湾人が外国人に中国語を教える時には、一般的に「華語」教育と呼び、「国語」教育とは言わない。しかし中国では、外国人に中国語を教える時には、「漢語」教育と呼ぶ。台湾で「漢語」を使うと、普通連想されるのは歴史や言語学における「漢民族の言語」であり、「現代標準中国語」ではない。ここから、一つの結論を導き出すことができそうである。つまり、台湾人が自ら用いる時には、「国語」と呼び、外国人に用いる時には、「華語」と呼ぶということだが、本当にそうなのだろうか？

　実は、必ずしもそうとは限らない。この数年来、台湾国内で少なからぬ人が「国語」という語を「華語」に変えようと主張している。原因は、台湾語（閩南語とも）、客家語、原住民諸語といった各種「台湾本土言語」の地位が向上し、その現象により中国語のみを「国語」と定義することは正しいのだろうかと、皆が考え直すようになったことにある。そのため、2008年に課程綱要（中小学九年一貫課程綱要）を修正する時に、「国語」の科目名を「華語」に変更したことがあった。しかし後に反対意見が出て、2011年に課程綱要を修正した際、再度「国語」という語に戻された。

自身が普段使用している言語を、果たしてどう呼称するべきか？ 名称の議論は、往々にしてアイデンティティの問題に関わるため、台湾人は殊の外気にする。2019 年に、台湾では「国家言語発展法」が公布施行され、各言語の公平性が強調された。これが言語とアイデンティティの議論を加速することになろうから、将来の動向についても、要注目であり、注意深く見守っていかねばならない。

## 第 13 課　繁体字こそが「正体字」？――台湾の漢字

　台湾華語と中国の普通話の、最大の違いは漢字にある。台湾人の友人が中国人の友人とこの事で言い争いをしていたことがあって、2 人ともそれぞれに自分達の漢字こそが理想的だと主張し、論争は平和的に行われていたものの、お互いに譲らなかった。その時に、台湾人の友人がこのような論点を挙げていた。簡体字の「爱」（愛）には、心がなくて、これでどうして愛と言えるんだ！というものである。

　確かに簡体字の「爱」は、下の部分が簡略化されて、「友」になっており、「心」がなくなってしまっている。文字の優劣は、このようにして判断できるわけではないものの、この主張は言い得て妙であり、まことに的を射たものである。日本人である私は常々、いくつかの簡体字は簡略化し過ぎていて、それにより文字の意味と美観が失われていると感じており、例えば「飛」が「飞」になってしまうと、まるで翼が片方なくなってしまったかのようである。けれども「龜」や「壽」といった繁体字には、私も悩まされている。なぜならどう覚えようとしても覚えられないからだ。

　漢字の字体に違いが生まれたのは、年代の古い話というわけではなく、第二次大戦後に起こった事である。かつて漢字文化圏の国々は、日本も含め、大体は繁体字を使用しており、中華人民共和国が簡体字を採用し、日本が新字体を採用するに至って、字体の分岐という現象がどんどん顕著になってきたのである。

　近代以来、漢字圏の国々は漢字の筆画が繁雑過ぎて、学習効果に影響を及ぼすという問題に直面し、各種の解決方法を試行してきた。台湾もかつて識字率向上のために、1950 年代に漢字簡略化方案を提起したことがあり、時の総統蒋介石が一度は同意を示したものの、1950 年代末期に政策の大きな転換があって、簡体字の使用を禁止することになった。恐らく中国が一歩先に簡体字を制定したためであろう。当時、台湾は中国に対抗するために、中華民国こそが正統な中華文化の継承者であることを強調しており、繁体字はまさしく伝統文化の象徴であることから、正統性強調のための恰好の道具となり得たのである。またそれ故に、台湾は繁体字のことを「正体字」と称し、正統性を示したのだった。前述した台湾人の友人と中国人の友人の言い争いは、文字政策の分岐がもたらした結果なのだろう。

　しかし、台湾人は繁体字の使用を堅持しているとはいえ、いくつか例外もある。例えば「台」の繁体字標準字体は「臺」であるが、書く時に「台」を使う人も少なくない。厳密に言うと、繁体字は清代に編纂された『康熙字典』を規準としているが、『康熙字典』には相当数の異体字と俗字が含まれており、字体にもそれぞれの時期、それぞれの地域により差異があるため、同じ漢字でも異なる書き方が現れ得るのである。例を挙げると、「澀」という字は、戦前の日本では、多く旧字体「澁」を用いていて、その後新字体「渋」に改められた。一方でこの字は、台湾では「澀」と書き、中国では「涩」と簡略化された。

　有り体に言えば、繁体字最大の問題は筆画が繁雑であることであり、これが近代以来の最大の課題でもあった。現総統の蔡英文はかつて「臺」の字を書き間違えて、メディアの批判を浴びたことがある。しかし近年、文字入力が徐々に伝統的な手書きという方式に取って代わるようになり、筆画の繁雑さはもはや問題ではなくなってきた。それに加えて繁体字はかつての中華文化の伝統の象徴から、台湾アイデンティティの記号へと変身を遂げつつあり、中国の簡体字と異なるという繁体字の特徴が、却ってアイデンティティを構築する重要な要素の一つとなっている。こうした事もあるので、好き嫌いの問題はさておき、もし台湾人の友達を作りたい、或いは台湾華語を理解したいと思ったら、やは

り繁体字を習得する必要があるのである。

## 第14課　台湾人の謎の暗号──注音符号

　これは台湾人留学生に関する逸話である。

　20数年前のある日、日本のとある小さな町で勉強していた一人の台湾人留学生が、台湾人の友人と宿舎に会いに来てもらう約束をしたのだが、急な用事で外出しなければならなくなった。連絡を取るための携帯電話もない時代に、何時に戻るかを来訪する友人に伝えたいと思ったら、なかなかに困難であった。その留学生はなす術がなく、唯一思いついた方法がドアの外側に注音符号で書いた伝言を張っておくというものであった。日本は治安が良いとはいえ、やはり多少は心配で、もし漢字で書いたなら、たとえ繁体字であっても、中国人にはきっと分かるだろうし、同じく漢字文化圏に属する日本人も、恐らく部分的には内容を推測できてしまうだろう。台湾人留学生のみが読んで理解できるのは、注音符号だけであり、小さな町に台湾人は数えるほどしかいないので、注音符号があたかも台湾人の間における謎の暗号のようになったのである。

　台湾で使われている注音符号は発音表記のための記号であり、1918年に公布された。当時は中華民国が既に成立しており、字形は古漢字と篆書に由来する。注音符号は一字母一音素のローマ字表記とは異なり、一文字一音節の日本語の仮名とも異なる。例を挙げると、「wan」は3つの音素の字母から成るが、音節としては1つであり、注音符号で「ㄨㄢ」と表記する際には、用いられる記号は2つだけで、これは漢語音韻学の伝統に由来するものである。実際に書く時には、以下の表記のように、一般的には漢字の右側に記されて、尚且つ縦書きの形を取る。

　同じく中国語を使用する中国では、採用された発音表記は中華人民共和国成立後に制定されたローマ字表記であり、一般的には「漢語拼音」と呼ばれる。一方で注音符号は、中華民国が台湾に撤退したことで、その後も存続することが可能となり、台湾では今でもなお広く使用されている。主に初等教育で漢字を教える際の補助として使われており、これは日本語の仮名による教育方式とよく似ている。一般的に外国人が中国語を学習する時には、多くは漢語拼音が学ばれており、台湾で華語を教えるための教材には2種類が並記してあるものの、多くの場合外国人には漢語拼音で教えている。

　またそのため、注音符号は外国人とはあまり関係がないと思っている人もいるが、実はそうとは限らない。なぜなら台湾でパソコンを使って入力する時には、注音符号を使うことが避けられないからである。台湾のパソコンのキーボード操作や携帯電話の中国語入力は、基本的に注音符号が主流である。例えば学校や図書館の検索システムを使用する際に、もし注音符号を知らないと、どうしたらよいか分からなくなってしまうことがよくある。幸い、一部のパソコンや携帯は設定を漢語拼音に変更できるので、全くやりようがないわけでもない。

　台湾の注音符号は、中国で使われていないだけでなく、世界のその他の国々でも広く使用されている場所は見当たらない。注音符号は台湾に独特の文字／記号であると言える。台湾人留学生がこれを暗号として使用したのも、この特徴を利用したものである。それ故に、注音符号には台湾人アイデンティティと結び付く傾向が見られる。台湾と中国を、繁体字と簡体字という文字だけで識別するのでは足らず、こうした状況の下で、台湾語があまり話せない若者にとって、言語で自身の特徴を浮き立たせようと欲した時に、注音符号は両者の差異を象徴する記号となり得るのである。

　外国人にとって、この見知らぬ符号は、仮に習得していなくとも、台湾では十分に暮らしていけるが、もし台湾人をもっとよく理解したい、或いは台湾の世界に深く入り込みたいと思うなら、注音符号はやはり学ぶ価値がある。おまけに、それは想像しているほどに難しくもないのだ。

# 第15課　台湾華語の前身──「標準国語」の規範

　以前日本の学生からある思いがけない質問を受けたことがあった。「台湾は何故中華人民共和国が成立してから華語を台湾に導入したのですか？」この質問が示しているのは、東アジア近現代史及び台湾と中国の間の関係に関する若い世代の学生の理解が不足しており、台湾華語の歴史が中国の普通話よりも遅いと誤解してしまっているということである。ここでは、台湾華語の前身、即ち1912年に中華民国が建国された後に、国民党が中国で制定した「標準国語」の歴史について話したい。

　国民党政府は1949年の遷台以前に、既に中国で「国語」を制定しており、発音と文字に関する規範を有していた。その過程については『国語運動百年史略』という本が参考になる。この本が指摘する所では、民国初年の中国各地には各種の方言が存在しており、国民党政府は国語の標準発音を選定するために、1910年代には投票というやり方で、異なる方言の発音の中から標準音を選び出したことがあった。結果的に各地の代表が一人一票で選出した「人工国音」は多くの反対意見を招くこととなり、ひいては「国音言語論戦」にまで発展した。

　論戦が展開されていく過程の中で、「標準国語」と関連性が高いのは、1932年に教育部長の朱家驊が発布した「教育部布告第3051号」であろう。この布告は、『国音常用字彙』（1932）という書物にある北京音を標準とした国音の構想を新たに採用することを宣言したのである。ここから、中華民国の言語規範はようやく1920年代の国音言語論戦を脱し、正式に標準化へと進むことになった。

　1945年に日本が敗戦し、国民党政府は台湾を接収してから、所謂「標準国語」の普及を推進するために、台湾省国語推行（普及推進）委員会を設置し、台湾に来る以前に制定していた『国音常用字彙』を規準として、『国音標準彙編』（1947）を編纂した。台湾行政長官の陳儀は更に、一切の発音を表記した読み物は、『国音標準彙編』を標準化の参考として依拠すべしと布告した。

　つまり、この書物が台湾の中国語に与えた影響はかなり大きいということであり、それはその後の台湾が国語教育を普及推進する重要な拠り所であったばかりでなく、今日誰もが馴染みのある繁体字と注音符号の源流でもあるのである。1949年、国共内戦に敗れた国民党はずるずると敗走し、台湾にまで撤退したけれども、自らが中国を代表するという正統性を護持するために、伝統を引き継ぎ、『国音常用字彙』の規範を守ることを選択したのだった。

　来台後の国民党も、一度は漢字簡略化が学習効率の向上に資するという理由から、内部に漢字簡略化の声があったが、国・共両立せずという政治的立場のために、国民党政府は1950年代に文字改革を進めた中華人民共和国と同調することを終始望まなかった。またそのために、台湾の標準国語は繁体字と注音符号を使用し続けた。その後、1980年代末期に冷戦が終結するまで、台湾と中国の間は自由に往来することができず、互いに交流する機会と空間がなく、相互に影響し合う可能性もなかったのである。

　今日の台湾華語の語彙は、民国初期に国民党が中国で制定した標準を引き継いだものが少なくなく、故に1950年以降に文字改革と言語規範化を進めた中国とは多くの違いがある。また、繁体字と注音符号以外に、語彙と発音にも多少の差異があり、例えば「研究」（台：yánjiù、中：yánjiū）、「認識」（台：rènshì、中：rènshi）、「垃圾」（台：lèsè、中：lājī）、「質量」（台：zhíliàng、中：zhiliàng）といった単語である。

　長きに亘ってこうした国語教育を受けて育った台湾人は、知らず知らずの内に「標準国語」の規範を引き継ぎ、それにより繁体字と注音符号は、今日台湾華語と中国の文字表記や発音表記の最大の違いとなったのである。

　従って、台湾華語と中国の普通話、両者の間の違いは、国・共間の異なる言語規範と、冷戦終結前数十年間交流がなかったという歴史的背景に由来する。言い換えれば、国民党政府が中国で制定した言語規範、及び遷台後の台湾本土言語との接触が、今日の台湾華語が形成された二大主要因だということである。

## 第 16 課　拼音百景──台湾華語のローマ字表記

　台北 MRT に乗ると、台北 MRT の駅名が漢字以外に、ローマ字でも標示されていることに気づく。海外で中国の「漢語拼音」を学習した外国人にとって、これらの記号はとても馴染みがあるに違いないが、こうしたローマ字は台湾人にとってみれば、実は使える人は多くなく、「漢語拼音」を標示するのは、単に国際化のため、外国人の便宜のために過ぎないのである。

　しかし、なぜかローマ字が所々「漢語拼音」の規則と違うことに、気がつく人もいるだろう。例えば台北 MRT 淡水線の「淡水」駅では、標示されているのは「Tamsui」（図 1）であり、高速鉄道（新幹線）で南行きに乗ると、今度は「新竹」駅が「Hsinchu」と標示され、「台中」駅が「Taichung」と標示されていることに気がつく。こうした現象はきっと人々をかなりモヤモヤさせることだろう。

　実は、台湾で使用される中国語のローマ字表記システムはかなり複雑で、そのために道路標識や鉄道の駅名標示が統一されていないのである。そうしたローマ字表記システムについて、その種類と使用年代は大まかに以下のように区分される。（1）ウェード式ローマ字（威妥瑪拼音）（「韋式拼音」とも）、（2）国語ローマ字（1928〜1985）、（3）国語注音符号第二式（「国音二式」とも、1986〜2002）、（4）通用拼音（2002〜2008）、（5）漢語拼音（2009〜）。

　「ウェード式ローマ字」は 19 世紀中葉、英国駐華公使ウェード（Thomas Francis Wade、1818〜1895）が中国に居た間に開発した中国語ローマ字表記法であり、台湾の人名や地名の外国語翻字に大きな影響を与え、現在でもなお使われ続けている。「国語ローマ字」は、教育部が注音符号ㄅㄆㄇㄈ（ボポモフォ）（1912 年制定、1918 年公布）を制定した後に、ローマ字表記の必要性に応えるため、1928 年に学者を招集して制定したものだが、声調標示が繁雑で、あまり受け入れられず、普及はしていない。「国語注音符号第二式」は、1986 年に教育部が外国籍の人々及び華僑の子弟が中国語を学習する際の必要性に基づいて、「国語ローマ字」に改良を加えて世に出したものである。けれども長い間、人名と地名は一般的には依然ウェード式ローマ字を採用するものが多く、2002 年に「通用拼音」が推進される前は、台湾の外交部でさえ「ウェード式ローマ字」を翻字の規準としており、そのため大部分の台湾人のパスポートにおける氏名はウェード式表記法を採用している。

　2002 年に教育部は「中国語翻字使用原則」を公布して、「通用拼音」による表記法を推進するようになり、その範囲は華語教育やパスポートの英語氏名、地名等に及んだ。「通用拼音」は「漢語拼音」とよく似ているが、それでも多少の差があり、これは中国と距離を取りたいという当時の与党の政治的立場を反映している。

　2008 年に政権が交代し、同年教育部は「中国語翻字使用原則」を改訂し、2009 年から「漢語拼音」を主とする翻字政策を採用すると規定した。理由として主張されたのは国際社会との繋がりであり、国際的には「漢語拼音」が普遍的に使用されているからである。しかし一部の台湾人は、このような政策は政治的に北京の懐に抱き込まれることになるのではないかと心配している。

　そうした事もあって、この規定は強制というわけではなく、「中国語翻字使用原則」では同時に、パスポートにおける氏名の翻字は、当事者の選択を尊重すべきであり、国際的に通用している特定の語や慣習として定着しているもの、例えば地名、伝統的な習俗や文化に関わる用語等も、「漢語拼音」で綴らなくともよいと説明されている。

　台湾高速鉄道を例に取ると、板橋駅（Banqiao）と左営駅（Zuoying）は「漢語拼音」を採用しているが、台北（Taipei）、新竹（Hsinchu）、台中（Taichung）等の駅名は「ウェード式ローマ字」を使い続けており、それにより翻字の歴史性が維持されている。総統府前のケタガラン通り（原住民語 Ketagalan Blvd.）、鹿港（ウェード式ローマ字 Lukang）、淡水（台湾語教会ローマ字 Tamsui）等の地名のローマ字表記も、それぞれに独自の歴史的な意味があることから、元々の表記法を留めている。

　この他にも、「漢語拼音」に反対する一部の県市政府、例えば台南と高雄は、「通用拼音」を使い続けているが、市街地の道路標識は統一されていない。図 2 は台南の市街地で撮影したもので、道路標

識にある「高雄」は「ウェード式ローマ字」を採用しているが、「新営」と「七股」についてはどうにも腑に落ちず、「ウェード式ローマ字」でもなければ、「通用拼音」でもない。

　入り乱れる拼音百景は、きっと外国人をかなり困惑させていることだろう。この文章を通じて、歴史性、国際化、及び政治的立場といった多重的な要素のもつれが、台湾社会における中国語の外国語翻字が様々に分かれていることの主な原因であることが見えてきたが、これらの発音表記が生まれた経緯を整理すると、朧気ながら「異中求同」（異なる中でも一致点を見出そうとする）の特質を窺うこともできるのである。


## 第17課　台湾国語

　多くの人が見たことがあるであろうアニメ『我們這一家』において、花太太（お母さん）が話す物凄く訛った中国語は、見る人に強い印象を残すだろうと思われる。台湾では、このような中国語は「台湾国語」と呼ばれている。

　『我們這一家』は日本のアニメ『あたしンち』から翻訳されたもので、元の日本語版の花太太は、ユーモラスで、口うるさく、うっとおしくて、お得なことが大好きなお母さんだが、話す日本語には特別な訛りがあるわけではない。中国語版では何故彼女の中国語を台湾国語の発音で描いたのだろうか？　これは考えてみるととても面白い問題である。

　まず初めに「台湾国語」とは何かについて説明しなければならない。台湾では戦後、即ち 1945 年以降、中国語が日本語に取って代わって、台湾の「国語」となり、これが多数の台湾人にとって中国語の初体験であった。しかし、既に日本語と台湾語に慣れていた本省籍の台湾人、特に閩南人は、捲舌音が不得意なこと以外にも、いくつかの音がどうしても上手く発音できなかった。例えば、「我」（wǒ）（私）を「ǒ」、「颱風」（táifēng）（台風）を「táihōng」、「橘子」（júzi）（ミカン）を「jízi」と発音したりした。

　簡単に言えば、台湾国語とは即ち発音が標準的でない台湾訛りの中国語のことである。こういった台湾訛りの特徴を持った台湾国語は、実際のところアメリカ英語やイギリス英語（の違い）と全く変わらず、社会言語学の観点から見れば、一つの言語現象に過ぎないのだが、台湾ではこれが嘲笑の対象となり、そのため、長きに亘って、台湾国語は差別的な用語であった。今日では、台湾国語のマイナスイメージを変えるべきだとして、台湾人の中国語なのだから、誰でも皆少しは台湾訛りがあって当然だ、と力説する人もいる。しかし、マイナスのイメージは依然として払拭できてはいない。日本の言語学者樋口靖は、現在多数の台湾人が話す中国語を「台北国語」と名付けて区別しており、ひょっとしたら「台北国語」に改称するのは良い方法たり得るかもしれない。

　上述した発音上の特徴以外に、台湾国語は田舎者、教育の程度が低いといったマイナスイメージを背負わされている。往年のテレビ番組では、往々にして台湾国語を話す人物は学歴が高くなく、野暮ったい本省人として描かれ、標準国語を話す人物は往々にして高学歴で、都会に住む外省人という設定を与えられていた。つまり、テレビ番組がこの種の偏見を強めることを助長していたということである。しかし、近年はいくらか変化が生じてきており、台湾国語は面白おかしい雰囲気も帯びているようである。面白おかしい中国語は、時に素朴で、親近感が持てると感じられることもあり、必ずしもマイナスイメージとは限らない。『我們這一家』の花太太が、台湾国語を話すお母さんとして描かれているのは、多分こうした要素が合わさった結果なのだろう。

　近年、若い世代の台湾人が話す中国語には、あまり舌を巻かないという特徴が残っている以外、その他の特徴は、どれも減多に聞かれなくなった。私のもとにいる何人かの日本人学生は台湾に留学してから、台湾人の影響を受けて、中国語を話す時にわざと舌を巻かず、こうした台湾っぽさを帯びた中国語の発音が好きだと話している。しかし、実は台湾人は舌を巻かないわけではなく、捲舌の特徴が不明瞭なだけなのである。

この他に、台湾国内で制作されたドキュメンタリーのナレーションが標準発音を追求しないようになったのも、近年の変化である。例えば齊柏林が撮影したドキュメンタリー『看見台湾』(2013) は、劇作家の呉念真をナレーターとして、ナレーションを制作している。呉念真の中国語は標準的とは言えず、それどころか少し台湾国語が含まれており、こうした発音は聴き取りづらいと感じる外国人もいる。しかし彼のナレーションによって、このドキュメンタリーはメイドインタイワンの作品としての効果を達成し、相乗効果を上げたようであり、この現象も台湾人の言語意識の変化をよく物語っている。

## 第18課　台湾華語の中の台湾語要素

子供の頃のことだが鮮明に覚えている。小学生時代、生徒の間での喧嘩は日常茶飯事であり、時として先生に言いつけに行く子もいて、泣きながら「老師，他給我打」(先生、こいつが僕をぶった) と訴えていた。実際のところ、泣きながら言いつけに来た方がぶたれた子であるのは、尋ねなくても分かるのだが、先生はいつもからかうように、「誰が誰をぶったって?」と言ったものだった。正確には「他打我」と言うべきなのだが、台湾語の影響を受けて、「他給我打」になってしまうのである。

ある世代の台湾人の一部は、小学校に上がるまで、中国語は話せず、学校に入って初めて中国語を学んだ。しかし母語の影響を受けて、どうしても文法的な誤用の現象が生まれ、時が経つうちに、こうした元々間違いだったものが間違いではなくなり、寧ろ台湾華語の特色となった。

動詞の前に「有」を加えるのはその極めて代表的な例である。例えば「妳有去過台北嗎?」(あなたは台北に行ったことがありますか?) といった使い方は、私の小学生時代には、先生がいつもこれは間違いだと再三強調していたが、今では、台湾人の使用率は極めて高く、動詞の前に「有」を加えるのは、一種の強調であって、別に何の不味いこともないと一般的に認識されている。

もう一つ例を挙げると、「明天你會去台北嗎?」といった使い方は、誤用ではないけれども、中国人から見ると、「會」の字が余計である。台湾人は台湾語の影響を受けて、「會」を加えた方が適切だと感じる。なぜならそれによって初めて「未来」を表せるからである。

上述したいくつかの例は言語接触で生まれた文法の変化であるが、この他にも、華語の文中に台湾語の語彙が混ざる現象も注目に値する。こうした現象の発生は、1960、70年代にまで遡ることができる。当時台湾社会を描いた一部の郷土文学作品は、しばしば会話の中に台湾語の語彙を使うことで人物のローカル色を際立たせた。例えば王禎和の作品『嫁妝一牛車』(1967) には、「頭家 (老闆)，來一個當歸鴨」(御主人、当帰鴨一つ頼む) や「報給 (通知) 你一個好消息」(君に良い報せを教えてあげる) といった会話が登場する。

近年、華語の文に台湾語が混ざる現象は、益々普遍的になってきており、テレビのニュースや新聞でさえも頻繁に見られる。例えば、「新冠肺炎疫情持續擴大，政府下令居家隔離，確診患者竟到處趴趴走」(新型コロナ肺炎の感染状況は拡大を続けており、政府は在宅隔離を命じたが、なんと陽性患者はそこら中を出歩いていた) といった具合である。

「趴趴走」はそこら中を歩き回る、移動範囲が各地に広がるという意味で、台湾語に由来する語であり、台湾語からの借用語と言ってよい。中国語にも似た単語はあるが、台湾人にとっては、この語を使った方がよりしっくり来て、雰囲気が出るのである。

「凍蒜」という語も台湾語から来ており、「当選」を指している。中国語もこの意味の語彙を欠いているわけではないが、台湾は選挙になるといつも、支持者達が大声で「凍蒜」と叫ぶのを必ず耳にすることになる。「当選」と比べて、「凍蒜」の音がより力強い感じがして、選挙戦のスローガンにより相応しいのである。

それから「伴手禮」という語 (図1参照) について見てみよう。これはケーキや餅 (小麦粉をこね、平らに伸ばして作った食べ物の総称) といったちょっとしたお菓子のことを指し、台湾語と中国語が

合体して生み出された単語と言える。元々台湾語では「伴手」と言い、手に提げて持って行くちょっとしたお土産のことを指しており、台湾人にとっては、中国語の中にぴったり来る単語を見つけるのが難しい。

　この他に、「喬時間」（時間を調整・設定する）、「牽手」（妻）、「奥歩」（卑劣な手段）、「肖年頭家」（若い店主、図2参照）、「菜奇仔」（食料品市場、図2参照）といった台湾語語彙も、よく新聞やポスターに現れ、こういった現象は言語の変化を感じさせる。

　2008年に新鋭の作家楊富閔の作品「暝哪會這呢長」（夜は何故こんなに長いのか）が全国台湾文学キャンプ創作小説賞を獲得したことも、華語文の変化を何よりも物語っている。この作品は会話だけでなく、叙述の部分及び書名にも大量に台湾語が混ざっており、この受賞は、華語文が台湾語要素を吸収する現象に対して、多くの台湾人が高い支持と寛容性を示していることを物語っているのである。

## 第19課　流行語と若者世代のネット用語

　日本に『探偵！ナイトスクープ』というとても人気のあるテレビ番組があり、そこでは視聴者からの依頼を受けて、様々な調査が行われる。1988年に放送開始して以来現在まで、長きに亘り人気を博している。その中でも、1990年代に制作された印象深い企画がある。当時、番組は一人の大阪人の依頼を受けて、「アホ・バカ」※の使用の境界線を調査した。その人の奥さんが東京の人で、2人が喧嘩する時に、お互いが使う「アホ」と「バカ」のニュアンスを掴み切れないことがよくあったためである。

　番組は依頼を受けてから、元々は1回で終わるつもりであったが、思いがけず大きな反響を得たため、その後なんと全国的な調査を展開し、期間は1年に及んだ。最終的に、番組は賞を受賞したのみならず、まとめられた日本全国「アホ・バカ」分布図は、方言研究学界から高い評価を受けるまでになった。簡単に言うと、この調査は語彙が政治・経済・文化の中心であった京都から、周辺地域へ拡がると同時に変化を起こしたということを発見し、「アホ」と「バカ」の分布図は、民俗学者柳田国男が提唱した「方言周圏論」を裏付けたのである。柳田はかつて「カタツムリ」という語を使って調査を行い、以下の事を発見した。語彙が変化する速度が最も速いのは政治・経済・文化の中心、つまり京都であり、それから等距離の同心円状に外縁へ向かって拡散して、京都から遠い地方ほど、変化は小さく、却って古い用法を保存しているということである。

　この言語変化の理論と学説から見ると、現代の流行語の伝播にも符合する所がある。台湾を離れ日本で生活して20年以上が過ぎた私は、台湾のここ数年の語彙の変化に対して、その歩みについて行けない無力感を感じることがよくある。私はネットを通じて台湾の関係する報道をよく見ているが、それでも新語が増えているのを見つけるその速さには、どうしたらよいか分からなくなる。

　台湾の流行語や若者世代のネット用語には、一体どんなものがあるのだろうか？　日本では毎年「流行語大賞」が開催されており、選ばれるのはその年によく使われた10個の語彙で、大体が世代を問わず皆がその意味と用法を理解できるものである。そうは言うものの、全ての語彙がずっと受け継がれていくわけではない。台湾には似たような流行語大賞はないが、台湾から来た留学生が以下の資料を提供してくれた。ここから、ネット上では流行語大賞に似た投票型イベントが行われていることが分かる。

　表1に基づいて、何人かの台湾人の友人に質問し、彼らがどの程度理解しているのかを探ってみた。その結果、2019年に入選した10個の語彙の内、何人かの九年生（民国90年代生まれの人を指す）はその三分の二しか理解できず、50歳前後の年齢層だと三分の一くらいであった。言うまでもなく、海外に住んでいる私は、ほぼ一つも答えられなかった。

　これらの語彙が今後果たして残ることができるかどうかは分からない。最後に、過去に選ばれてかつ現在まで使用されているいくつかの流行語をここで紹介しておこう。例えば、「醬子」（こうである）、「曬照片」（写真をひけらかす）、「韓粉」（韓国瑜ファン）、「鄉民」（ネット民）、「母湯」（してはいけな

い）といったものがある。

　年配世代の台湾人が使う語彙は、日々更新されていく台湾華語との間に往々にして落差が生じる。特にネットの世界は変化が目まぐるしく、流行語やネット用語は無尽蔵に次々と現れる。どんどん分かりづらくなるこうした流行語を見ていると、台湾国内の言語変化の歩みについて行くのは本当に難しいと、慨嘆せざるを得ないのである。
※「アホ」と「バカ」は、漢字はそれぞれ「阿呆」、「馬鹿」と書いて、両者はともに「愚かである」という意味であり、その違いは微妙であるが、この文章ではそれぞれを「阿呆」と「笨蛋」と訳している。

## 第 20 課　　二つの中国語訳

　近年、日本の社会は積極的に国際化を推進しており、多くの道路標識や観光地の案内、名所旧跡の説明書きが、多言語並記の形式で提示されている。多くの場合、日本語版、英語、中国語及び韓国語が最もよく見られるが、その中で特に私が関心を引かれたのが、簡体字版と繁体字版が並記された中国語翻訳である。

　一般的に言って、日本のこうした標示では、英語を除けば、最もよく見られるのは簡体字中国語であり、繁体字中国語はそれと比べると比較的少ないのだが、北海道小樽市にあるいくつかの歴史的建造物の解説は例外的な事例である。2020 年秋に、そこで意外にも道路両脇にある歴史的建造物の解説が繁体字の中国語だけなのを見つけ、私は思わず色々な連想をしてしまった。例えば、小樽市を訪れる台湾人観光客が中国人観光客よりも遥かに多いのだろうか、といったことである。図 1 の写真は小樽市で撮ったもので、至る所に見られる歴史的建造物の中国語の解説が繁体字中国語だけで書かれている。（2020 年 9 月 23 日撮影）。図 2 の案内板の写真は北海道庁の歴史的建造物で撮影したもので（2020 年 9 月 25 日撮影）、中国語の翻訳は両者を並記する形を採っている。

　正確に言うと、簡体字中国語と繁体字中国語は字体といくつかの発音や語彙が異なるのを除けば、両者の間で互いに通じる割合はかなり高い。けれども一人の日本人の友人は 2 つの翻訳を見て、まさか台湾華語と中国の普通話の違いはこんなに大きいんですか、と訝しげに尋ねてきた。両者の間で主語や、文の構造までもが違っていたからである。ここで、図 2 から一部の文章を取り出して、北海道庁の歴史的建造物の解説における 2 つの中国語訳が一体どのように異なるかを比較してみよう。

**簡体字中国語版**
北海道のシンボル　一年中四季を通して美しい姿を見せる「北海道庁旧本庁舎」は、これまでずっと北海道民に深く愛されてきており、皆から親しみを込めて「赤れんが（庁舎）」と呼ばれています。赤れんが（庁舎）は明治 21 年（1888 年）に建てられ、その後 80 年間に亘り北海道の行政の中枢としての職責を背負いました。

**繁体字中国語版**
北海道のシンボル　北海道庁旧本庁舎は一年を通して四季折々の優美な姿を私たちに見せてくれて、「赤れんが（庁舎）」の愛称を持ち、道民から広く愛されています。赤れんが（庁舎）は明治 21 年（西暦 1888 年）に誕生しました。その後 80 年間、北海道の中枢として、その職責を全うしました。

　上の例から分かるのは、両者が違っている主な原因は、訳者が違うために、単語の選択や文型・文構造も違ってくることにあり、実際のところ、字体を交換すれば、両者はお互いに通じるということである。とはいえ、もし全ての案内の説明書きが、同じ訳者の中国語を採用し、字体だけを入れ替えたとしたら、それでよいだろうか？　私の答えは否である。やはり両地（台湾と中国）の中国語には多少の差があり、特に訳語の選定にはそれぞれの好みがあるからだ。

　また図 3 の写真にある、「可携帯宠物」と「寵物可以随行」（ともに「ペット同伴可」の意、中国で

は「携帯」を物だけでなく人にも用いるが、台湾では「攜帯」にその用法はない）はお台場のショッピングセンターでエレベーターのドアに見られた翻訳である。意味はそれほど離れていないものの、前者はペットを物として見ていて、後者はペットを同伴者として見ており、両者は明らかに字体の違いではなく、思考様式の違いである。どちらの翻訳の方が良いかは、人によって見方が様々であろうが、私個人は後者の方が好みである。

　それから図4のポスターを見ると、ここにも2種類の異なる中国語訳が存在している。このポスターは多くの駅に貼られており、見覚えのある日本人も少なくないと思われる。大きめのフォントの日本語は、翻訳すると「來撞我的是你，悶不吭聲就走的也是你」（ぶつかってきたのは、あなた。何も言わずに立ち去るのも、あなた）となり、歩きながら携帯を見て、前を見ていない一部の人を非難している。下の説明書きでは、繁体字版は意訳の形を採っており、「専心走好路，別當低頭族」（注意してしっかり歩きましょう、「低頭族」にならないように）と訳しているが、簡体字版は直訳の形を採り、「不要在走路時使用手机」（歩く時に携帯を使わないようにしましょう）と訳している。2種類の翻訳はそれぞれに長所があり、前者は台湾人の慣用表現で、かつ韻が踏まれている。後者は原文に忠実で、中国語が分かる人なら誰にでも理解できる。字体を入れ替えれば、中国人でも「低頭族」の意味は理解できるかもしれないが、この訳し方を好むかどうかについては、私には分からない所である。

## 第21課　漢字とローマ字は相容れない？──漢羅台湾語

　周知の通り、現代日本語は漢字と仮名の混合体であり、こうした異なる文字の交ぜ書きという形式は、世界各国の言語の中でも、珍しいものだと言えるが、漢字文化圏の周縁地域では、実はしばしば見られる。例えば韓国では歴史上、漢字とハングルという2種類の文字の交ぜ書きによる表記法が現れたことがあったが、韓国は今ではハングルのみを表記に使用しており、漢字は殆ど使用しなくなっている。そして台湾では、台湾語（台湾閩南語）にも漢字とローマ字による交ぜ書きが存在し、これは現代になって現れた新しい表記法である。

　文字の標準化という思潮は、近代に源を発するが、文字の標準化の必要性は「国家言語」のみに付与された。それ故に、日本統治期の台湾でも、既に近代に突入していたものの、当時の国語は日本語だったため、台湾語による書記は特に重視されなかった。第二次大戦後の国民党政権も、中国語を国語と定め、それ故、長年に亘って、台湾語とその他の台湾の本土言語の書き言葉には、ずっと文字の標準化の機会が与えられてこなかった。

　19世紀、西洋の宣教師はローマ字で台湾語を記録し、日本統治期にも漢字で台湾語を書いた台湾人がいた。しかし多種多様な表記法が雨後の筍の如く現れたのは、1980年代以降のことである。当時の台湾では既に民主社会の原型が出来上がっており、民間文芸を主とする伝統的な漢字表記と西洋の宣教師が発明したローマ字表記が、どちらも候補となった。しかし、言語学者はそれぞれ異なる主張を行った。言語学者の分析によると、台湾語には漢字で表記できない語彙がおよそ15%存在し、そのために多くの論争が起きた。対立が膠着化する中で、漢羅表記（漢字＋ローマ字）を提唱する人が現れたのである。

　漢羅表記は在日の言語学者王育徳が提唱したことに始まる。王育徳は若い頃に国民党政府の弾圧から日本に逃れ、日本で台湾語を研究し、日本の漢字仮名交じりを模して、漢羅混用の書記方式を提唱した。こうした漢羅混用の書記方式は、その後もう一人の言語学者鄭良偉により改良が加えられ、更に整備されたものとなった。鄭良偉は漢字とローマ字の使用基準に関して規則を定め、多くの関連する論文を著した。その使用規則とは、簡単に言えば使用可能な漢字があるのが明らかな部分には漢字を採用し、漢字が不詳な部分にはローマ字を採用するというものである。台湾語において、漢字が不詳なものの多くは機能語、例えば「在」や「給」といった類の語彙であり、鄭良偉はこれらの語彙はローマ字を用いて表記することを主張した。そのため、漢羅表記で書かれた台湾語は日本の漢字仮名

交じりと非常によく似ており、例えば「私の意見は彼（の）と一緒です」という文は、台湾語で書くと、「我ê意見 kap 伊（ê）全款」となる。

　こうした表記法（図1の台湾語詩を参照）は次第にその他の流派に影響を与え、最近では既に台湾語母語運動界の主流となっている。勿論、漢羅表記が最も批判されるのは視覚的に不釣り合いであるということであり、そのため反対する人も少なくなく、言語学者の洪惟仁がその最も代表的な人物である。彼と鄭良偉の両者の間では多くの言語論戦が交わされたが、洪惟仁は漢字は四角のマス目に入る方塊文字であり、ローマ字と一緒に並べると、見た目が不調和であると考えていた。

　確かに、日本の仮名と韓国のハングルはどちらも漢字の影響を受けているため、字形が漢字と似ており、視覚的な調和に影響しないが、台湾語の漢羅表記はそれとは違い、ローマ字は結局のところ西洋の産物である。しかし、根本に立ち返って考えれば、見た目が良いか悪いかは主観の問題であり、慣れてしまえば、大きな問題はないとも言える。台湾語の漢字表記は、ひょっとすると東西文化の交流における最も壮大な実験の成果なのかもしれない。

## 第22課　言語景観に隠れた台湾語

　私達が暮らす現代の都市では、目につく限り、そこかしこに文字が溢れている。店の看板がびっしりと櫛比し、企業の広告が至る所に存在する、このような景観は世界中の大小あらゆる都市で普遍的に見られる。こうした公共の領域で目にする言語や文字を、社会言語学では言語景観と呼んでおり、こうした景観を通して、社会全体の状況と国民の言語意識を分析し、理解することができるため、非常に価値のある研究対象となっている。

　台湾の街中のそこかしこにもこのような言語景観が多数ある。ほとんどが漢字であるため、一見したところでは、全て中国語だと思うだろう。しかし、少し注意して見ると、中国語の能力を備えているだけでは解読のしようがないことに気がつく。そのような時は、多くの場合、文字の背後に隠れている台湾語の要素が分からないことが原因なのである。

　漢字以外の文字で表記されていれば、一目でそれが中国語ではないと気づくことができる。例えば図1の看板は、店名の上の宣伝文句に「ㄟ」という字が入っている。「ㄟ」は本来注音符号で、「ei」と発音するが、ここでは、台湾語の「ê」の意味に用いられており、中国語の「的」に当たる。文全体の意味は「懐かしの味」であり、「huâi-liām ê tsu-bī」と読む。「的」なのだったら、「的」と書けばいいじゃないか、わざわざ手間を掛けて注音符号を使わなくても、と思う人もいるかもしれない。実のところ、わざと注音符号を使う目的は、その視覚的効果を利用することにあって、台湾語であることを強調し、それによってこの麺屋さんのローカルなイメージを強めているのである。「ê」は台湾語の中で非常に頻繁に使用される単語であり、台湾の言語景観においては、時折ローマ字の「A」で表記された看板を見掛けることもあるが、これはこの字母が持つ英語の発音を利用したものである。

　また違った表記法も見てみよう。全て漢字で表記されていたら、外国人は中国語だと誤解するかもしれないが、字典を引いても正しい答えは見つからない。漢字は表意文字としての性質を備えているだけでなく、音の近さを利用した当て字も多くある。台湾人はこうした近似音の特性を利用して台湾語を書くこともあるため、そこに込められた意味を理解しようとすると、それは想像以上に難しい。

　例えば図2では、カエルの下に「蛙愛呆玩」と書かれており、一見したところ、中国語で理解しようとすれば、カエルが馬鹿みたいに遊ぶのが好き、ということだと思えてしまい、大きな違和感を生む。実は、この文の意味は「私は台湾が好きだ」ということで、音を利用した当て字がここでは大きな効き目を発揮しているのである。以下に並べた発音を見てもらいたい。発音による当て字という観点から考えて初めて、両者の間の絶妙な関係を理解することが可能になる。

　こういった中国語の背後に隠れた台湾語の要素は、台湾で生まれ育った台湾人で、かつ中国語と台湾語両方の言語が分からなければ、実際には理解することが難しい。しかしだからこそ、台湾語を勉

強して、街中そこかしこにある看板や広告の文字に込められた意味を解読しようと試みることは、大きな楽しみともなり、達成感も感じさせてくれることだろう。

## 第23課　字幕の功罪

　台湾のテレビ番組をよく見ている人なら、全ての番組に字幕があることに気づくだろう。これらの字幕は単に飾り付けで現れる文字画像ではなく、出演者の台詞そっくりそのまま、かつ同時に、逐一表示される文字である。ドラマでもバラエティー番組でも、生中継の番組でない限りは、ほとんどに字幕がある。こうした光景は日本のテレビ画面では滅多に見られないため、初めてこうした字幕を目にした時には、とても不思議に思った。

　日本では、逐次表示の日本語字幕は、普通外国語番組でのみ見られ、でなければ聴覚障碍者用に設定されたものである。台湾の字幕文化は、その背後にある意義が日本とは大きく異なる。台湾のテレビ番組の放送の歴史は1962年に遡る。当時はテレビ局が成立したばかりで、中国語がまだ普及しておらず、中国語が聴き取れない視聴者が相当な割合を占めていたから、中国語字幕の必要性は推して知るべしである。また、当時のテレビで台湾本土言語の番組を放送する場合、20％以下に厳しく制限されていたが、この20％の台湾本土言語の番組は、誰もが聴き取れるわけではなく、例えば閩南語の番組なら、一部の原住民は恐らく聴き取れないであろう。このような複雑な言語環境の下で、中国語字幕は視聴者が番組の内容を理解する手助けになり得た。これも中国語字幕が存在する原因の一つである。

　今や、台湾人の中国語普及率はほぼ100％に達しており、理屈から言えば、字幕の需要もなくなったはずである。実はそうはなっておらず、この20年来、台湾のテレビ番組における言語には大きな変化が起こっている。台湾本土言語の番組はもう制限を受けることがなくなったことから、台湾語の出現頻度が大幅に増加し、更には客家テレビ、原住民テレビ、公共テレビの台湾語チャンネルも次々と設立され、これらの言語が分からない視聴者にとって、字幕が果たす機能は以前にも増して更に大きくなっているのである。

　要するに、多言語社会において、字幕の存在は間違いなく肯定されるべきものであるのだが、私は字幕は良くない影響ももたらしていると考えている。なぜなら台湾のテレビ番組には、基本的に中国語の字幕しかなく、出演者がどの言語を使おうとも、現れる字幕は中国語であり続けるからである。台湾語には音があっても文字はないと台湾人はよく言うが、私の見立てでは、その原因の一部は中国語字幕が文字と国語（中国語）をイコールで結び付け、中国語でなければ文字はないという幻想を生み出していることにある。台湾本土言語は文字を有しており、ただその使われ方が分かれてしまっていて統一されていないだけなのである。目下、台湾の多くの言語学者が文字の標準化に力を注いでおり、上述した本土言語のテレビ番組が、今後本土言語の字幕に切り替えるか否か、大いに期待される所である。

　また、外国人の中国語学習という観点から見ても、字幕の存在は一長一短である。私個人の経験から言うと、日本は同じく漢字文化圏の国であるため、字幕は私達が番組の内容を理解する助けとなり、確かに大いにメリットがある。しかし長いこと字幕に頼っていると、聴き取り能力の向上にとって邪魔になることも、また否定し難い事実である。そのためもあり、私は紙で字幕を覆い隠して聴き取りの練習をしようと試みたことさえあって、字幕のオンオフを切り換えたり、言語を選択したりできたら、全ての人の需要を満たすことができるのに、と内心思っている。

## 第24課　階層化される言語

　台湾の友人と話していて、台湾語の話になると、彼らはいつも「台湾語は喧嘩したり罵ったりする

言葉に聞こえるんだよね」と言う。確かに、台湾語には罵り言葉が沢山あるが、私から見れば、それも感情豊かな表現形式の一種であり、悪い事とは限らない。ただ台湾語が粗野で、聞き苦しいといった偏見については、台湾社会が民主化に邁進する今日でも、そうした考え方が依然根強く残っており、なかなか拭い去れないでいる。

　言語に優劣の差はなく、ある言語が上品で、ある言語が粗野であるというような道理はないはずである。世界中のどの言語でも、粗野なものも上品なものも、本来全てが感情表現の形であるが、にもかかわらず一部の言語がマイナスのイメージを持たれ、一部の言語がプラスのイメージを持たれるといった階層化の現象が起きるということは、注目に値する問題である。

　台湾を例に取ると、高尚もしくは正式と言われるような場面では、多くの場合中国語（戦前は日本語）を使用しており、こうした事の結果として台湾語はその他の場面でしか使用できなくなり、人々に台湾語は上流の場に出せないと誤解されている。つまり、中国語の高尚なイメージと台湾語等その他の本土言語の低俗なイメージは、どちらも社会のメカニズムが作り出したものであり、言語はそれによってレッテルを貼られているのである。

　数年前、私は仕事の関係で、一時期シンガポールに住んでいたことがある。シンガポールにも台湾語、もとい閩南語を話す人がおり、現地の人からは「Hokkien」（福建語）と呼ばれている。これはシンガポールにも台湾と同様に、福建南部からの移民の末裔が多くいるためである。

　よく知られているように、シンガポールは多民族からなる国家であり、その言語政策は英語、華語、マレー語及びタミル語を公用語と位置付けている。一般に最もよく用いられるのは英語であり、英語は民族間のコミュニケーションの橋渡し役を担っている。華人は就学期間中、英語の他に華語も学ばなければならないが、若い世代のシンガポール人の日常生活は英語が主となっており、そのため一部には華語があまり得意でない人もいて、閩南語等その他の漢語方言は言わずもがなである。そうした言語は学校で学ぶ手立てが全くないので、多くの若者は方言を話すことができない。簡単に言うと、シンガポールの華人社会における言語の配置においては、英語が最も上層の言語であり、その次が華語、閩南語等の漢語方言は階層が最も低い言語に位置付けられているのである。

　私はシンガポールにいる間、自分より年上の華人の年長者と話をする時に、時たま台湾語を使うことがあったが、そんな時、彼らは私に「台湾の閩南語は上品な感じがするけれど、私達が話すのは粗野だから」と言うのである。シンガポール人は台湾の台湾語歌曲をよく聴いており、彼らにとって、台湾は台湾語文化の中心地なのだが、台湾人は逆に自分達の台湾語に対して自信を持っていない。ここから見えてくるのは、言語に与えられるイメージが、社会的な要素によって作り上げられているということである。

　言語が社会的要素によって階層化されるという現象について、大抵の日本人は恐らく日本の中ではあまり見られないと思うだろうが、台湾人の台湾語に対する印象は、日本人が各地の方言に対して持っている印象と似たようなものである。また日本語の世界における位置付けを見た場合でも、国際共通語の英語と比べると、その地位は明らかに一段低いものである。現在日本では一部の一流企業が英語を社内共通語と定めており、子供に小さい頃から英語教育を受けさせる親もいる。日本人の若者が英語で「日本語は喧嘩したり罵ったりする言葉に聞こえるんだよね」と話す、そんな日が来るかもしれない。

## 第25課　台湾語の名称論争から多言語社会を考える

　台湾の本土言語は台湾語、客家語、原住民族語に分かれる。その中では、台湾語の使用人口が最も多く、「台湾話」「閩南語」、或いは「福佬話」と呼ぶ人もいるが、これらの名称にはそれぞれ異なる意味が込められており、議論百出の様相を呈している。

　日常生活では、一般的に「台語（Táiyǔ/Tâi-gí）」と呼び習わされているが、人口比率が少ない客家

人の間ではこれに対して異論が存在する。1980年代に台湾文学を定義するに当たり論戦が起こったが、当時、論争の内容は文学作品の言語使用の問題に止まらず、台湾語の定義の問題にも及んだ。客家籍作家の李喬は、四大族群の言語は全て台湾の言語であり、原住民語であろうと、客家語或いは華語であろうとどれも排除されるべきではないと主張し、それ故に彼は閩南人の言語だけを「台語」や「台湾話」と呼ぶことに反対したのである。

　こうした論争が起こったためかもしれないが、台湾政府は何らかの正式な場面では常に「台語」や「台湾話」といった言い方を避けて、「閩南語」という名称を使用している。「閩」は福建省の略称であり、「閩南」は福建南部、即ち大多数の台湾人の祖先が2、3百年前に台湾へ移住する前の出身地を指している。今日の閩南地域で使われている言語と一線を画するために、台湾語は「台湾閩南語」と呼ばれることもあるが、こうした名称は、台湾語運動に従事する人々の不満を招いている。例えば、ある学者は「閩」の字の語源は漢族から福建南部の土着民族に対する蔑称に由来するとし、こうした差別的な用語は台湾語の名称とするには相応しくないと考えている。またある学者は、「閩語」や「閩南語」は中国語学における下位方言の分類名であることを理由に、こうした矮小化された名称と台湾人が主体性を追求するという理念が相容れないと考えている。

　この他にも、「Holo（Hô-ló）話」という、もう一つの名称がある。「Holo」は閩南系の台湾人のことを指しており、「Holo話」は「台湾語」と「閩南語」の間の争いを避けた中立的な用語と言える。Holoという音は、漢字で表記する場合、「福佬」や「鶴佬」、「河洛」と書く人もいるが、文字の種類の多さには目を見張るものがあり、その語源については諸説紛々としている。しかし一説によると、「Holo」は客家人から福建または閩南人に対する別称、乃至は蔑称であるといい、台湾語学界の先達王育徳もその可能性が高いとして、この見方を支持している。こうした見方が正しいとすれば、「Holo」という名称も完全に中立とは言えないことになる。

　以上述べて来たことを総合すると、台湾語の名称は、どれにしても議論を引き起こし、こうしたイデオロギーの対立はとても悩ましい所である。しかし、角度を変えてこの問題を考えてみれば、名称の論争は、この言語の歴史の複雑さを表しているとともに、台湾の多言語社会という特性の反映でもある。大部分の日本人は日本で生まれ育ち、自らの話す言語の名称が何故「日本語」と呼ばれるのかについて疑問を感じることはなく、自らの置かれている言語環境に不安を感じることもない。日本人にとっては、台湾と台湾語の間にある関係を理解できれば、きっと自らが置かれている環境と言語問題について改めて考え直すことにもなるだろう。


## 第26課　台湾風日本語

　現在台湾の国語は中国語であるが、戦前の日本統治期の国語は日本語であり、その時代に教育を受けた台湾人は、今でもなお日本語が話せる。以前台湾人の友人が自分のお爺さんと私を会わせに連れて行ってくれたことがあった。お爺さんは中国語が話せなかったので、私は内心大喜びして、勉強して来た台湾語を大いに発揮するつもりだったが、お爺さんは私に日本語しか話してくれず、私は大いに失望した。日本語を使って話す中で、言葉遣いや語彙の違いのせいか、お爺さんは私の日本語があまり聴き取れないようだったため、結果的に私が台湾語を話し、お爺さんが日本語を話す形となり、傍で見ていた友人は、とても不思議そうだった。

　最も印象深かったのは、おいとましようとする時に、私がお爺さんに台湾語で「僕達は映画を観に行きます」と告げると、お爺さんが不意に日本語で「ああ、活動写真ね」と言ったことである。「活動写真」は現代日本語では既に使われない死語となっており、若い世代の日本人はひょっとすると知らないかもしれないが、この歴史的な用語は異国のお爺さんの記憶の中では今なお鮮明で、あたかも冷凍保存された状態にあったのである。この言葉を聞いた瞬間に、私は台湾がかつて本当に日本の統治を受けていたのだということを即座に感じさせられたのだった。

日本語はこうした形で台湾に残っているだけでなく、一部に借用語という形態で現れるものもあるが、その音韻と意味は必ずしも現代日本語と同じとは限らない。こういった音韻と意味に変化が生じた日本語の借用語は、「湾製日語」や「台式日語」と呼ばれるが、私が呼び慣れているのは「台式日語」（台湾風日本語）である。

　例えば、華語の「甜不辣」（図1参照）は典型的な台湾風日本語である。甜不辣は台湾の夜市でよく見掛ける屋台料理で、「tiánbúlà」という発音から、すぐに日本語の「てんぷら」から来ていることを連想できる。しかし実際に頼んでみると、「さつまあげ」のようなものであることが分かって、不思議であり、こうした経験をした日本人は少なくないに違いない。実は西日本の一部地域では「さつまあげ」のことを「てんぷら」とも言う。かつて日本統治期に日本内地から台湾へ渡った日本人は、九州出身者が多くを占めており、この語彙の違いはもしかしたらその頃に端を発するのかもしれない。

　私の見たところ、台湾語の「a-sá-lih」（漢字は「阿莎力」と書かれる）も台湾風日本語である。語源は日本語の「あっさり」だが、日本語の「あっさり」の意味はかなり複雑で、味がさっぱりしている、飾り気がないという意味から、きっぱりと、簡単という意味まである。一方で台湾語の「a-sá-lih」は行動の思い切りがよく、率直で、気概があるという意味で、語意に少し違いがある。

　また台湾には「a-tá-mah khōng-kú-lí」という言葉がある。日本語で書けば「頭コンクリ（ート）」で、頑固なことや、頭が鈍いことを指しており、現代日本語では恐らくもう使われていない。しかし日本語でも以前使われていたことがあるという人もおり、もしそれが事実なら、この言葉も前述したお爺さんの日本語と同様に、生きた化石のように現在まで残存しているということになる。そしてその過程で、意味に変化が生じたのだとすれば、戦後の台湾で独自に進化した結果であるとも考えられる。

　この他に、現代日本語の語彙も流行文化の伝播に伴って台湾に入って来て、台湾華語の一部となっている。例えば「素顔」、「美白」といった日本語由来の借用語であり、その中にも台湾風日本語が存在する。例えば「オタク」について、「很宅」というように、台湾人はこの語を形容詞として使っており、引き籠っていたり何らかの事に没頭したりしている人を形容する意味がある。名詞として使う時には、「宅男」、「宅女」となり、性別によって使い分けられている。

　台湾の街中を歩く際に、耳を澄ませてみれば、多くの台湾風日本語を発見することになるだろう。こうした語彙は日本人にとって親近感が増すものであるが、同時に注意しなければならないのは、自分が話している日本語と必ずしも同じ意味とは限らないことである。

## 第27課　台湾本土言語における日本語からの借用語

　台湾の通りや路地裏を行き来すると、色とりどりの多様な看板に目が眩むようである。それらをよく見ると、「の」や「卡哇伊」（かわいい）といった日本語の語彙があることに気づくだろう。台湾の言語の中に、こうした日本語と関連する語彙は果たしてどのくらいあるのだろうか？　また台湾の言語と日本語の間には、どのような関係があるのだろうか？

　一言で言うのなら、台湾の言語の中で日本語からの借用語が見られる割合はかなり高く、原因は日本統治期の言語接触に由来する。

　映画『海角七号』で、原住民による歌唱のシーンがあるが、その歌には「taihuku」や「kuba」といった語が見られ、これは明らかに「台北」と「工場」という日本語の借用語であることが聴いて分かる。またアミ語を例に取ると、「hikoki」、「hana」、「tingwa」等の語も、聴いただけで日本語の借用語であると分かり、意味は「飛行機」、「花」、そして「電話」である。オーストロネシア語族の原住民語における日本語からの借用語の多くが、音による借用語を主としているが、それぞれの民族が異なる語彙を吸収しており、これまでのところ、民族の垣根を超えた借用研究はまだ現れていないため、各民族間の日本語借用語の差異は把握することが難しい。

原住民語以外に、台湾のその他の漢語系本土言語（台湾語、客家語）も、日本統治期に多くの日本語の語彙を吸収した。原住民語と異なるのは、漢語系言語が借用した日本語の多くは漢字語彙、即ち所謂「和製漢語」であることである。明治期の日本は近代化の潮流に対応して、西洋文明を学び、そして西洋の概念から翻訳した新しい漢字語彙を多く発明した。これらは一般的に「和製漢語」と呼ばれ、「国際」、「教育」、「社会」等のような近代用語であり、その数の多さは、想像を超えるものがある。台湾語や客家語はこのタイプの語彙を大量に借用しており、発音は台湾語や客家語の読音によっている。

　台湾語を例に取ると、こうした和製漢語の漢字による借用語は、更に「華語と共通の日本語借用語」と「華語とは異なる日本語借用語」という２種類に分けられる（表１を参照されたい）。華語と共通の漢字による借用語は、戦後も継続して使用され、今ではもうほとんど母語化しており、多くの人はこれらが日本語の語彙に由来することさえ知らない。反対に、華語が借用していない漢字による借用語、例えば「出張」、「注文」、「見本」は、継続して使用されてはいるものの、数の上では徐々に減少する傾向にあり、「切手」や「葉書」といった日本語借用語は既に消失してしまって使われなくなっている。

　この他に、日本語からの音による借用語も台湾語と客家語の中に溶け込んでおり、大まかに「和語または和製漢語の借用語」と「外来語の借用語」に分けられる。表１の台湾語の借用語を例に取ると、「おばさん」、「とうさん」、「すし」は「和語の借用語」、「パン」、「オートバイ」は「外来語の借用語」である。これらの語彙は普通口語においてのみ使われるが、戦後のいくつかの華語作品における書き言葉では漢字で現れており、例えば「おばさん」を「歐巴桑」と書いて、中高年層の女性を指したり、「とうさん」を「多桑」と書いて（図２参照）、日本語世代の父親を指したりする。当然の事ながら、音による借用語は勿論日本語で発音されるが、その音は今日の日本人が話す日本語とはまた異なるので、日本人にとっては、ややもするとかなり違和感があるのではないだろうか。

## 第 28 課　台湾華語における日本語からの借用語

　台湾華語にも日本語からの借用語が多くあるが、音による借用語は比較的少なく、これは台湾華語が日本語借用語を吸収したルートが台湾本土言語とはやや異なるためである。

　時系列は 19 世紀末〜20 世紀初頭にまで遡ることができる。当時の中国も西洋文明の衝撃の下で、日本と同様に、新語を作ることで時代の要求に応えようという構想があったが、最終的に多くは日本の明治期に出来た「和製漢語」を借用語として使用することを選んだ。その数は数百個にも上ると言われ、例えば表１に挙げた「國際」、「教育」、「社會」等は全てその手の語彙である。それ故に、華語と台湾語、客家語が吸収した日本語借用語は重なる部分が大きく、経路は違うが行き着く先は同じだったということである。今では、こうした（両者が）重なっている部分の日本語借用語は、使用頻度が高いため、徐々に母語化してきており、多くの台湾人はこれらの語彙が日本語から来ているということすら知らない。

　1945 年以降も、台湾華語には引き続きいくつかの日本語借用語が登場した。国民党政府は台湾を接収したが、中国語も台湾に持ち込んで、中国語が台湾の「国語」となった。しかし台湾語と接触する過程において、日本語の二次借用の現象が起き、それにより台湾華語には中国の普通話とは異なるいくつかの語彙が生まれた。代表的な語には「便當」（弁当）（図１の「臺鐵便當」（台湾鉄道の駅弁）を参照）、「看板」、「車掌」、「味噌湯」（味噌汁）等がある。

　それに対して、華語が借用していない部分、「案内」、「都合」、「出張」等のような台湾語の中の日本語借用語は、（華語との）重なりがないために、台湾語復興運動に尽力している知識分子が積極的に使用しているのを除けば、若者が使う機会はどんどん少なくなっており、この種の台湾語語彙は徐々に失われていく可能性がある。

ある台湾語スピーチコンテストの審査員が自分の経験を私に共有してくれた。台湾語には「出張」と「出差」（どちらも「出張」の意）の2つの言い方があり、両者の意味は同じだが、前者は戦前に日本語から来た借用語、後者は戦後に台湾華語から来た借用語である。スピーチコンテストの採点をする際、「出張」を使った方が「出差」よりも高く評価されるそうだが、そのようにする理由は、審査員が言語の歴史性を重視していることにあるのである。

　近年、台湾華語も日本の流行文化の影響を受けて、日本語からの借用語が更に増えてきており、「素顔」、「人氣」、「聲優」、「違和感」、「宅」等が代表的な語である。現在でも、台湾華語が日本語を借用する現象はまだ引き続き進行中であり、これは1945年以降停滞状態となっている台湾語、客家語、原住民語と比べると、明らかに大きく異なっている。

## 第29課　噂の宜蘭クレオール語

　百聞は一見に如かずと言うので、噂の宜蘭クレオール語をよく知るために、2017年夏、私と高雄師範大学台湾史研究所の呉先生は、一緒に宜蘭県大同郷寒渓村へ実地調査に赴いた。台北からバス（クバラン客運）に乗り、1時間もせずに羅東に着いて、更に羅東からバスを乗り換えて向かった。ただ、元々インタビューする予定だった雑貨屋の老婦人が、前日になって連絡が取れないことが分かったのだが、スケジュールは既に決まってしまっていたので、私達はそれでも変更することはしたくなかったのである。

　現地に着いてようやく、アポイントが取れていないと少々厄介であることに気がついた。幸い、歩いている内に、一軒の教会が見えてきて、これから出掛けようとしている牧師の奥さんとたまたま遭遇し、私達の目的を説明すると、奥さんは親切にも車を出して私達を郷内各地へ探索に連れて行ってくれて、お蔭で私達は村人達の所で待ちに待った宜蘭クレオール語を聞くことができた。

　宜蘭県（図1）は台湾の東北の隅に位置し、県内の大同郷寒渓村、東澳郷澳花村、東岳村、金洋村一帯のタイヤル族は、大多数の台湾人には理解できない言語を話している。日本語とタイヤル語の混成語であり、学界でこの言語は宜蘭クレオール語（寒渓クレオールとも）と命名されて、以前日本の毎日新聞の記者によりこの言語現象について一連の報道がなされたことがある。

　所謂クレオール語とは、2種類以上の言語の接触により誘発される言語現象である。異なる言語が接触する初期段階、例えば交易の遣り取り等において現れるのがピジン言語であり、単語や文法が簡略化された、過渡期の言語である。しかし接触期間が長くなり、長い間使用されると新しい変化が生じ、このような変化が次の代に受け継がれ、更に語彙が豊富で、文法構造も整い、かつ一つの集団全体で使用される言語に発展した時に、クレオール語の基本条件が整うことになる。

　社会言語学者はよくフランスの植民地だったハイチを例にして説明するが、実のところ、宜蘭のクレオール語も一つの好例であり、日本統治期に、タイヤル族と日本語の両者が接触して生まれた新たな言語であると推測される。次のいくつかの例文を見て分かるように、日本語に似ているとは言うものの、日本人が聴いても分からず、原住民のタイヤル語に似ているとは言うものの、タイヤル族が聴いても分からない。まさにそのために、この言語は学界の注目を集め、中でも大阪大学の真田信治（名誉）教授と東華大学の簡月真教授の研究が傑出したものである。

　宜蘭クレオール語を使うタイヤル人には、日本語でもなければ、タイヤル語でもないということから、自らの言語アイデンティティのために苦悩したことがある人もいる。東華大学で言語学とメディア制作を学んだ劉紹萱が、その一人である。彼女はそのためにドキュメンタリー映画『迷跡』を撮って、この言語現象を世に伝え、映画は教育部の第4回MATA賞のドキュメンタリー最優秀賞を獲得した。この文を読んでいる方もこの映画を通して、彼女が迷いの中から自信を取り戻していく過程を目にすることができるだろう。

# 第 30 課　新南向政策と新住民言語教育

　2016 年から台湾政府は東南アジア諸国との間で各種の政治・経済的交流を積極的に推進しており、内容が 1990 年代の南向政策と異なることから、「新南向政策」と呼ばれている。その中で、最も注目に値する言語関連の話題は新住民言語教育である。

　所謂「新住民言語」には、ベトナム、タイ、ミャンマー、インドネシア、ラオス、フィリピン、マレーシアといった 7 ヵ国の言語が含まれる。新住民言語教育が推進されるのは、国際結婚が益々当たり前になり、台湾における東南アジア系移民の子女も次第に増加してきたためである。

　2016 年度の統計によれば、両親の一方が外国人である台湾の小中学生は 19.6 万人に達しており、全体の人数の 10.5％を占める。こうした子供達は小さい頃から台湾で育っており、彼らがお母さんやお父さんの言語を学習できるようにするために、新住民言語を教授するこの新しいカリキュラムは 2019 年 9 月からスタートした。まだ緒に就いた段階であり、効果の程は定かではないが、私は新北市大豊国民小学（小学校）が行っている授業と教授している先生への取材から、大いに啓発を受けた。

　2020 年 1 月初旬、私と台湾の新南向政策を研究する何人かの日本人学者は、一緒に新北市の大豊小学校を訪ねた。大豊小学校は新北市の新住民言語教育重点学校であり、それ故に関連する授業の開設が、他の学校と比べて多く、全部でベトナム語、ミャンマー語、インドネシア語、フィリピノ語、タイ語といった 5 種類の言語がある。

　校長の李春芳さんは我々に新住民言語教育の先生を何人か紹介してくれた。彼女らの多くは台湾人と結婚し、台湾に移住して来た女性である。彼女達の中国語は流暢で、もうほとんど台湾社会に溶け込んでおり、研修に参加して新住民言語教育支援員の資格を得たことで、初めてこの仕事を担当できるようになったのである。その中のある先生が私に話してくれたところでは、授業の時給は高くはないけれども、嫁ぎ先の家は彼女の仕事を大変前向きに捉えてくれており、子供達もお母さんの言語を積極的に学ぼうとしてくれるので、そうした収穫が実際の給料よりもはるかに嬉しいとのことだった。

　彼女達と歓談して、実際の教育内容に対する理解と認識をより深めることができた。李校長は更に我々を学校の多元文化展示コーナーの見学に案内してくれて、6 年生の時間割表も参考のために提供してくれた。この表から、大豊小学校が教育部の定めた「十二年国民基本教育課程綱要」の下で如何にしてカリキュラムを組んでいるかが見て取れ、近年の台湾における多言語教育政策の動向も読み解くことができる。

　一方で日本はどうだろうか？　近年、日本も台湾と同様に、国際結婚と外国籍移民の人数は次第に増えつつある。例えば、群馬県大泉町は移民が集住する町であり、近隣の伊勢崎市立広瀬小学校の外国籍児童は 108 人に上る。この学校の 2019 年度の資料によると、全校児童は僅か 517 人に過ぎないが、外国籍児童は 108 人もおり、ブラジル 19 人、ペルー 23 人、中国 2 人、フィリピン 14 人、ベトナム 43 人、チリ 2 人、ボリビア 2 人、バングラデシュ 1 人、カンボジア 1 人、インドネシア 1 人が含まれる。学校はこれらの児童のために 60 名の日本語補習指導員を用意しているが、移民の母語の授業は開設されていない。台日両国間の言語学習カリキュラムの設計に関する違いも、注目すべき点である。

# 討論のタネ 解答例

## 第 1 課

1. 台湾と日本（又は自国）の例を比較しつつ、社会の歴史と言語状況の間にどのような関係があるか考えてみよう。

　台湾には異なる族群がおり、また植民統治を受けた歴史もあるため、言語使用状況が複雑で、これが日本と大きく異なる点である。日本は植民統治を受けた経験がないので、現代の日本社会における言語使用状況は相対的に単純で、大多数の人々は日本語のみで会話している。

　　台灣有不同族群，也有過被殖民統治的歷史，因此語言使用情況很複雜，這一點與日本有很大的不同。日本並沒有被殖民統治的經驗，因此，當代日本社會的語言使用情況比較單純，大多數人都只使用日語交談。

2. 植民統治による国語政策が、人々の日常生活にどのような変化をもたらしたか、想像してみよう。

　日本語教育が実施され、多くの台湾人が日本語を習得したことにより、バイリンガルとなる人も現れた。また日本語教育によって、元々言葉が通じなかった族群間でも、日本語を用いて互いに会話が可能となった。この他に、台湾の本土言語の語彙に多くの日本語由来の借用語をもたらすことにもなった。

　　日語教育的實施，讓不少台灣人學會了日語，有些人因此具備雙語能力。也因為日語教育的影響，本來語言不通的族群，彼此之間可以透過日語交談。此外，台灣的本土語言中有不少來自日語詞彙的借詞。

## 第 2 課

1. 19 世紀とそれ以降の台湾の言語状況を比べた時、どのような点が異なるだろうか。

　19 世紀の台湾では、それぞれの族群が異なる言語を使用していたが、20 世紀に入ってから、変化が現れた。台湾は 1895 年に日本に割譲され、日本語教育が実施されたことにより、各族群の人々が学校教育を通じて日本語を習得した。日本語は統治者の言語であったが、期せずして台湾の異なる族群間の共通言語となったのである。

　　19 世紀的台灣，不同族群使用不同的語言，但進入 20 世紀以後，出現了變化。台灣於 1895 年割讓給日本，因為日語教育的實施，使得不同族群的人透過學校教育學會了日語，日語雖然是統治者的語言，卻意外地成了台灣不同族群之間的共通語言。

2. 同時代の日本（又は自国）の言語状況はどのようなものだっただろうか。

　同時期の日本では、各地に異なる方言が存在し、方言によっては隔たりが大きいために、互いにコミュニケーションが取れないことさえもあった。19 世紀末になって標準語が提唱され国語教育が実施されたことで、初めて日本人は標準語を学習するようになったが、それによって一部の方言は消失の危機に瀕することにもなった。

　　同一時期的日本，各地有不同的方言，有些方言彼此之間差異很大，甚至無法溝通。直到 19 世紀末，因為標準語的提倡以及國語教育的實施，日本人才開始學習標準語，但也因此，有一些方言面臨消失的危機。

## 第 3 課

1. 自身の経験の中で、言葉とアイデンティティの関わりを示すような例はあるだろうか。

私の両親は台湾人だが、仕事の都合で日本に定住していたため、私は小さい頃から日本で教育を受けてきた。日本語は日本人と変わらないレベルだが、中国語と台湾語は殆どできない。私はよく日本人から日本語が上手いと褒められることがあるが、そんな時少し居心地が悪い感じがする。台湾に帰ると、台湾人と本来自分の母語であるべき言語でコミュニケーションが取れないので、そこでもまた恥ずかしい思いをすることになる。

　　我的父母都是台灣人，因工作的關係，在日本定居，所以我從小在日本受教育。我的日語程度和日本人差不多，但中文和台灣話幾乎不行。日本人常稱讚我的日語，讓我覺得很不自在。回到台灣時，無法用母語和台灣人溝通，也讓我覺得很尷尬。

２．これまでに、自身の母語やその文化が抑圧されていると感じた経験はあるだろうか。

　　私は母語文化の抑圧を経験したことはないが、大学に入って故郷を離れてからは、お国訛りの日本語を話すのを避けるようになった。大学生活に馴染むために、周囲の友人と同じ話し方をしたいと思ったからである。

　　我沒有經歷過母語文化受到打壓的經驗，不過我上了大學，離開家鄉之後，就不太喜歡使用帶有地方口音的日語了，因為想要融入大學生活，和周圍的同學有一樣的口音。


# 第４課

１．あなたにとっての「郷土」はどこだろうか。そう感じる理由とともに話し合ってみよう。

　　私は幼少の頃は和歌山に住んでおり、後に京都に引っ越して来た。この２つの場所にはとても愛着があるので、どちらも自分の故郷だと思う。郷土の定義に関しては、出生地でもよいし、一定期間住んだことのある場所でもよいし、どちらも自らの郷土と言えると考える。

　　我小時候住過和歌山，後來搬到京都。我對這兩個地方都有濃厚的感情，因此，都算是自己的故鄉。至於鄉土的定義，我認為出生地也好，住過一段時間的地方也好，都是屬於自己的鄉土。

２．日本（又は自国）にも「郷土教育」はあるだろうか。また郷土や国家の定義をめぐって、学校教科書の内容が議論になったことはあるだろうか。

　　私の印象では、日本の学校では郷土教育の時間というのはなかったが、小学校の頃、先生が学校の近所の環境を学びに連れていってくれたことはあり、これも郷土教育の一種なのではないかと思う。郷土や国家の定義については、教科書の内容が大きな論争を引き起こしたことはなかったように記憶している。

　　印象中，日本的學校沒有鄉土教育的課程，但是唸小學的時候，老師曾帶我們到學校附近認識環境，我想這也是一種鄉土教育。至於鄉土或國家的定義，記憶中，教科書內容沒有引發太大的爭議。


# 第５課

１．『海角七号』を観た時の反応が、筆者と日本人とで異なっていた理由は何だろうか。

　　日本人は台湾語と中国語が聴き取れないので、筆者とは感じ方が異なるのだと思う。この文章の説明によると、海角七号には多くの台湾語の台詞があるとのことだが、日本人にとっては字幕だけからでは見分けがつかないため、笑い所が掴めないのではないだろうか。

　　我認為日本人聽不懂台灣話和中文，因此和作者的感受不同。根據這篇文章的說明，《海角七號》出現了很多台語，對日本人來說，光靠字幕是分辨不出來的，因此，很多笑點不容易掌握。

２．『海角七号』のように、複数の言語が使われる映画を外国で翻訳して上映する場合、字幕で用いられる言語は往々にして１種類になってしまう。外国の観客にも多言語が使われていることを知らせる方法はあるだろうか。

　　海角七号の例では、映画の中に台湾語の台詞が現れる時には、字幕の前に黒丸を付すことでそれが

示されるが、字幕の表示される速度が速いので、効果はいまいちである。それにたとえ話されているのが台湾語だと分かったとしても、そのニュアンスや台湾語が使われる文脈を掴むのはやはり難しいだろう。

　　以海角七號為例，這部電影出現台語時，字幕前會加一個黑點表示，但是字幕出現的速度很快，效果並不好。更何況，即使可以理解說話的內容是台語，仍不容易掌握語感以及使用台語的情境。


## 第6課

1．本文冒頭の逸話にある葉先生のように、台湾で平埔族としての血筋に関心が高まっている背景には、どのような事情があると考えられるだろうか。

　　葉先生がわざわざ戸籍事務所まで行って資料を調べたのは、彼女が自身に漢民族以外の血が流れているのではないかと意識したからである。これは90年代に台湾が民主社会となり、台湾史と原住民の歴史を重視し始めたことと深い関係があると思う。

　　葉老師特地到戶政事務所調閱資料，是因為她意識到自己可能並非只有漢民族的血統。我認為這跟90年代台灣轉型為民主社會，並開始重視台灣史以及原住民的歷史有很大的關係。

2．日本（又は自国）にも消失の危機に瀕した民族がいるだろうか。いるとしたら、そうした民族の言語や文化について、国としてどのような施策を取るべきだろうか。

　　北海道のアイヌは消失してしまう可能性があると思う。なぜなら少数民族文化の息吹が途絶えれば、それと共にアイデンティティも消えてしまうからである。幸いなことに、2020年に北海道でアイヌの博物館「ウポポイ（民族共生空間、National Ainu Museum & Park）」が完成しており、この展示空間を通してアイヌの文化が保護されるようになっている。

　　我認為北海道的愛奴族可能消失，因為如果少數民族的文化沒有發聲，自我認同就會跟著消失。幸好2020年北海道的愛奴博物館「ウポポイ（民族共生象徵空間，National Ainu Museum & Park）」落成了，愛奴族的文化可以透過這個展示空間受到保護。


## 第7課

1．台湾の族群の中で客家が「隠形人」と言われるのには、どのような理由があるだろうか。

　　客家語は客家意識の象徴だが、現在積極的に客家語を使用する人が少なく、客家人は往々にして周囲の友人と中国語で話すため、彼らの客家としての特徴が目立つことがない。恐らくこれが客家が「隠形人」と言われる原因なのではないだろうか。

　　客家話是客家意識的象徵，但現在積極使用客家話的人不多，他們往往和周圍的朋友說中文，所以無法凸顯他們的客家特徵，這大概是客家人被稱為隱形人的原因。

2．世界的に有名な政治家や指導者には、客家人が多くいると言われているが、知っている人物はいるだろうか。

　　シンガポール建国の指導者リー・クワンユーは客家人で、シンガポールの初代首相も務めた。台湾初の民選総統として台湾社会を民主化に導いた李登輝と、改革開放路線を始めた中国の指導者鄧小平も、客家人である。

　　新加坡建國的領導人物李光耀是客家人，他也是新加坡的首任總理。帶領台灣社會走向民主化的台灣首任民選總統李登輝以及開啟改革開放路線的中國領導人物鄧小平也是客家人。


## 第8課

1．「外省人＝中国語／親中派」のような世間一般のステレオタイプには、他にどういったものがある

だろうか。

　　大阪のおばさんは値切るのが好きだと言われるが、これは一種の偏見だと思う。また「蒙古大夫」（やぶ医者）という言葉があるが、この単語はモンゴルの医者は皆腕が悪いという思い込みに繋がっており、これも一種の先入観と言える。

　　有人說大阪的歐巴桑喜歡討價還價，我認為這是一種偏見。也有一句話叫「蒙古大夫」，這個語彙容易讓人以為蒙古的醫生醫術很差，這也是一種先入為主的觀念。

２．台湾では、標準的な発音の国語（中国語）が外省人の特徴であったと述べられているが、日本（又は自国）にも、このように言葉の発音によって人を識別するような現象が見られるだろうか。

　　日本の場合には、アクセントやイントネーションといった発音の特徴によって、その人の出身地をある程度推測できることがある。例えば「目」のように、標準語では「め」と１拍（モーラ）で発音される単語が、大阪弁では「めえ」と２拍になり、かつ２拍目で上がるアクセント型で発音されるといった例が挙げられる。

　　日本也有重音高低不同等發音上的差異，透過這種特徵可以推測對方是哪裡人。例如「眼睛」的發音，標準語是「め」，只有一拍，大阪腔則是兩拍「めえ」，而且第二拍的重音有上揚的特徵。

# 第９課

１．本文冒頭の逸話において、北海道の若者がこのように答えた理由と、王先生がそれを聞いて困惑した理由をそれぞれ想像してみよう。

　　恐らくその若者は、血筋ではなく自身のアイデンティティについて答えたのではないだろうか。一方で、台湾と日本はともに父系社会であり、その文脈の下では一般論として、父親がアイヌであれば子供も必然的にアイヌとなる。王先生はそうした理屈から、その若者の答えを不思議に思ったのだと考えられる。

　　北海道的年輕人這樣回答，應該是他認為認同並非血統上的，而是自己的認知。但是，台灣和日本都是父系社會，一般來說，在這樣的社會脈絡下，如果爸爸是愛奴族，孩子也一定是愛奴族，我想王老師是因為這樣的思考邏輯，所以才覺得對方的回答很不可思議。

２．日本においてアイヌが置かれている現状は、台湾の原住民とどのように異なるだろうか。また、そうした違いの背景にある歴史についても考えてみよう。

　　台湾では80年代に原住民の改名や母語復興を求める運動が起こったことが、両者の違いとして挙げられる。また民族語の試験を通過した台湾原住民は、入学時に加点してもらえる措置があり、これも彼らが自らの身分を隠さないようになった原因の一つである。しかしこの加点制度は差別なのか、それとも特権なのかといったことをめぐっては、議論が絶えない。

　　兩者之間的不同，在於80年代的台灣，曾經出現原住民爭取正名以及復興母語文化的運動。還有，通過族語認證的台灣原住民，可以加分入學，這也是幫助他們不再隱藏自己身分的原因之一。不過這項加分的制度是歧視？ 還是特權？ 爭議不斷。

# 第10課

１．本文にある「台湾の主体性」や「台湾の主体意識」といった言葉は、どのような意味で用いられているだろうか。

　　台湾の主体性や主体意識といった言葉はどちらも抽象的なものであるが、本文で扱っている学校教育に関して言えば、台湾についての学習内容の割合が低かったり、または台湾が別の国の一部であることを強調したりしていたとしたら、そうした教育方針は台湾の主体性を有していないと言えるだろう。

台灣主體性或台灣主體意識都是很抽象的名詞，就課文提到的學校教育而言，如果台灣的學習內容比例太低，或是強調台灣是別的國家的一部分，這樣的教學方式就不具備台灣主體性。

2．台湾の小学校でなされている言語教育についてどう思うか。日本（又は自国）の小学校と比較しながら、話し合ってみよう。

　　日本の学校には「母語」の授業がないことが、台湾とは異なる点である。私は日本の学校も外国籍の児童に母語を学ぶ機会を提供するべきだと思う。その他にも、例えばアイヌ語や琉球諸語に関する学習内容を取り入れるといったように、少数民族言語や方言を教えることも、児童が日本の言語文化に対する理解を深めることに繋がるのではないだろうか。

　　日本的學校沒有母語課，這一點和台灣不太一樣。我認為日本學校應該提供外國籍學童學習母語的機會，除此以外，教授少數民族語言或方言也可以讓日本學童更了解日本的語言文化，例如引進愛奴話或琉球語的教學內容。

## 第11課

1．中国語や他の言語を学習する中で、教室や教科書で学んだ事と実際に人々が話す言葉の間にずれを感じた経験はないだろうか。そうしたずれが生じる背景について考えてみよう。

　　一度このような事があった。私が先生の催した台湾での研修イベントに参加し、公園で休憩していた時に、一人の台湾人が私にどうして台湾に来たのかと尋ねた。私は、「我們老師搞了個活動」（私の先生がイベントをやっているんです）と答えたが、後になって先生から、「搞」という言葉はこういう場合に使うには相応しくないと注意されたのだ。教科書にこのような用法が載っていたと思うのだが、何故台湾では使ってはいけないのかが分からなかった。

　　記得有一次，我參加老師舉辦的台灣研習活動，在公園休息時，有個台灣人問我為什麼來台灣。我告訴他：「我們老師搞了個活動」。後來，老師提醒我「搞」這個字不適合在這個場合使用。我記得課本有這樣的用法，卻不明白為什麼在台灣不能用。

2．自分の興味や目的に合わせて発音を選ぶという筆者の提案についてどう思うか、話し合ってみよう。

　　この本文を読んで、私は台湾の発音と中国の発音のどちらを選択するのも良いと思った。両者は互いに通じない２つの言語というわけではなく、類似性がとても高いからである。発音を選ぶに当たって、留学する場所や仕事の必要性によって決めるという筆者の話には、私も賛成する。

　　讀了這一課的課文，我認為台灣口音或中國口音都是不錯的選項，因為兩者並非互不相同的兩種語言，類似性還是很高的。我贊同作者所說的，選擇口音時，可以依據留學地點或是工作的需求來決定。

## 第12課

1．台湾において、中国語を「国語」と呼ぶことを支持する人々と、「華語」と呼ぶことを主張する人々は、それぞれどのような考えに基づいているのだろうか。

　　私の理解では、「華語」を支持する人は中国語だけを特別扱いすることを望まず、中国語の地位は他の言語と同じであるべきと考えている。「国語」を支持する人は、中国語の歴史的な地位を維持したいのだと思う。

　　我的理解是，選擇「華語」的人，不希望獨尊中文，他們認為中文的地位應該和其他語言一樣。選擇「國語」的人，我認為他們應該是想要維持中文的歷史地位。

2．中国語は世界各地で使用されているが、本文で述べられている台湾の例のように、地域や文脈により様々な名前で呼ばれている。それらを整理して、どのような違いがあるか考えてみよう。

　　世界全体で見ると華語や漢語、普通話、中文といった呼称があるが、一般的に東南アジアや北米の

華人社会では、皆「華語」と呼んでいる。「漢語」や「普通話」は中国の用法であり、「中文」については、地域的な違いはあまりないようである。

世界上，有華語、漢語、普通話、中文等稱呼，一般來說東南亞或北美的華人地區，都叫「華語」。「漢語」或「普通話」則是中國的用法，至於「中文」似乎比較沒有地域性的區別。

## 第 13 課

1. 繁体字派と簡体字派に分かれて、それぞれの長所・短所について討論してみよう。

繁体字の長所は歴史と繋がりを保っていることで、歴史的な文献を閲覧しに図書館へ行った時などに、字体がほぼ同じであるために読むのが容易である。一方で、簡体字は画数が少なく、書く上ではより便利であるが、歴史的文献で用いられる字との違いは大きい。例えば『後漢書』は、簡体字で書くと『后汉书』となってしまう。

繁體字的好處是與歷史接軌，到圖書館查閱歷史文獻時，字體幾乎相同，所以容易查閱。相對來說，簡體字的筆畫少，雖然書寫上較為方便，但和歷史文獻的用字相差甚遠。例如《後漢書》，若以簡體字書寫，是寫成《后汉书》。

2. あなたは文字の字体や綴りについて、こだわりや普段気をつけている事があるだろうか。例えば自分の名前を書く際に、漢字の字体やローマ字表記等に関して気にしている事があれば、話し合ってみよう。

同じ漢字文化圏で、同じ漢字を使っているとは言え、書き方には微妙な違いがある。例えば中国語の「梅」と日本語の「梅」は、一見同じように見えるが実は少し異なっており、私は書類に記入する時などに困ることがある。

同是漢字文化圈，即便是同一個漢字，書寫上也會有些微的差異，例如中文的「梅」和日語的「梅」，看似相同，其實略有不同，這讓我在填寫文件時，感到很困擾。

## 第 14 課

1. 本文冒頭で紹介された例のように、わざと他人に分からせないための「暗号」を使った経験がないか、話し合ってみよう。

日本のひらがなとカタカナは台湾の注音符号のように、日本人が少ない所であれば、暗号として使うことができる。また、少数民族の言語が暗号になることもあり、例えば台湾原住民の言語はローマ字で書かれるが、それを理解できない人にとっては、見ても分からない。見方を変えれば、あらゆる言語・文字はそれを解さない人が多数を占める場所において、暗号となり得るとも言えるだろう。

日本的平假名或片假名很像台灣的注音符號，如果在日本人很少的地方，就可以拿來當暗號使用。此外，少數民族的語言也可以當作暗號使用。例如台灣原住民的語言，雖然是以羅馬字拼寫，但是不會原住民語言的人，是看不懂的。再換個角度來看，所有的語言文字，只要到了大多數人都不明白那個語言的地方，都有成為暗號的可能性。

2. あなたが台湾に留学したとしたら、華語の授業で注音符号を学びたいと思うだろうか。外国人が台湾で生活するに当たり、注音符号を学習する必要性について、話し合ってみよう。

私は注音符号を学ぶ機会が欲しいと思う。台湾へ留学に行った時、図書館に資料を探しに行ったり、台湾の字典を使うといった場合に、やはり注音符号を使用する必要があるからである。なので、台湾の大学が外国人留学生向けにそういった授業を提供してくれたらいいなと思う。

我希望有學習注音符號的機會，因為到台灣留學時，如果到圖書館查資料或是使用台灣的字典，還是需要使用注音符號，所以希望台灣的大學提供這樣的課程給外國留學生。

# 第15課

1．本文の内容を踏まえ、台湾華語と中国の普通話の関係は今後どのように変化していくと考えられるだろうか。

　台湾と中国の語彙は、双方の交流とネット上の情報流通といった要因により互いに影響し合っていくと考えられるが、それぞれに異なる流行語を生み出すことで、違いがますます大きくなる可能性もある。

　　台灣和中國之間的語彙，將因為雙方的交流以及網路訊息流通的因素而互相影響，但也有可能各自發展出不同的流行語，造成彼此之間的差異越來越大。

2．各地の代表が投票の形で「人工国音」を選定するというやり方は、何故反対意見が多かったのだろうか。日本（又は自国）で標準語が制定された過程と比較しながら、考えてみよう。

　各地の代表による投票の結果だと、選ばれた標準国語を実際に使用しているコミュニティがないので、それは存在しない発音ということになる。日本の標準語の場合は、東京の中流階級が使用する日本語が選ばれ、使用する人が相当数いたことから、実際に存在する発音であり、普及効果を上げることができた。

　　因為各地代表投票的結果，將造成被選出來的標準國語，並沒實際使用的社群，所以這樣的語音並不存在。而日本的標準語，選擇的是東京中等階級所使用的日語，因為使用的人不少，所以是一個實際存在的語音，可以達到普及的效果。

# 第16課

1．日本語（又は自国語）でも、ローマ字表記に関するこうした混乱があるだろうか。

　日本語にも大きく分けて「訓令式」と「ヘボン式」という異なるローマ字表記が存在し、前者が日本語の音素表記に近い（例：し＝si）のに対して、後者は英語との整合性により重きが置かれている（例：し＝shi）。地名・人名表記は場合によってまちまちだが、近年は政府の用いる文章でもヘボン式の表記が目立つようになってきている。

　　日本也有不同的羅馬字系統，大致分為「訓令式」和「ヘボン式」，前者比較接近日語的音素表記（例如：し＝si），後者重視的是與英語之間的整合性（例如：し＝shi）。地名或人名的表記方式雖不統一，近年來，政府公文書明顯偏向「ヘボン式」的表記方式。

2．本文で紹介された台湾のローマ字表記をめぐる状況に対して、今後どのような方針を取るべきだろうか。このままでよいか、統一すべきか、統一するとしたらどの表記法がよいか等について、話し合ってみよう。

　民間や個人で用いられる表記については多様なままでもよいと思うが、公共のものに関しては、最低限の統一性も必要ではないだろうか。例えば、パスポートの人名表記は個々人の好みで選んでも大きな問題はないが、案内標識の地名表記は広く外国人に対して分かり易いことが重要なので、統一された方がよいと思う。

　　我認為一般民間或個人的情況下，不統一也沒有關係，但是公共場域至少應該設定一個最低限度的統一標準。例如護照的人名表記，可隨個人喜好選擇，問題不大，但是路標的地名表記對外國人來說是非常重要的，應該要統一比較好。

# 第17課

1．日本（又は自国）の社会において「台湾国語」のように、何らかの言語的特徴が特定の階層や職業の人々と結び付いている例はあるだろうか。

日本の場合は、各地の方言が何らかのステレオタイプなイメージと結び付くことが多い。例えば東北弁と「田舎者」、広島弁と「ヤクザ」のような例が挙げられる。また地域方言ではないが、所謂「オネエ言葉」と「ゲイ」の間にも、同様の結び付きがあると言える。

　　日本有不少方言被貼上特定的標籤，舉例來說，東北口音會被說成是鄉下人，廣島口音會被聯想成流氓。另外，娘娘腔也會被聯想成同志，雖然不是方言，也一樣會被貼上標籤。

２．日本語のアニメや外国語の吹き替えで、特定のイメージと結び付いている訛りや口調等の例を挙げ、そうした特徴と現実に話されている言葉の関係について考えてみよう。

　日本語のアニメや吹き替えでは、女性の登場人物は「～わ」等の所謂「女言葉」、男性の老人は「～じゃ」という語尾に代表される話し方をするのが定番となっているが、現実にはそれほど使われていない。これらは、ある時期に一部の人々が話していた口調が、登場人物の属性を分かり易く示す「役割語」になったものと考えられる。

　　日語的動漫或節目配音時，經常將「～わ」等女性用語用在女性的角色，為高齡男性配音時，則習慣性地在句尾置入「～じゃ」等代表性的用語。其實這些用法，在現實生活中使用頻率並不高，之所以這麼用，是因為這些用語是某一時代某些人的語調，易於用來辨識登場人物的屬性。


# 第18課

１．本文で紹介されている台湾華語に溶け込んだ台湾語の語彙には、どのような特徴があるだろうか。

　「有」や「會」のような機能語（文法機能を表す語）や、「頭家」や「菜奇仔」のような日常生活に密着した語等、使用頻度が高い語が多いという傾向があるのではないだろうか。これは、台湾社会において台湾語が日常的な話し言葉で多く使われることとも関係があるのかもしれない。

　　例如「有」和「會」等虛詞（顯示文法關係的功能詞），或是「頭家」、「菜奇仔」等日常生活相關用語，其使用頻率偏高是一大特徵，這可能是因為台灣社會日常會話中有不少機會使用台語的關係。

２．本文で紹介された台湾語語彙の他にも、例えばマレーシア華人が書いた文学作品には、広東語や潮州語、マレー語に由来する語彙が使われるというように、文学には方言や土着の語彙が使われることが多くある。それによってどんな利点と欠点があるか、考えてみよう。

　方言等を使うことによって、それを共有している（理解する）地元の読者に対しては親近感を強め、描写をより活き活きとさせる効果があるが、それ以外の読者にとっては理解が困難となるという負の側面もあると考えられる。

　　使用方言的文學作品，可使當地讀者對該語言產生共鳴並感到親切，也使描寫上更生動寫實，但是對外地的讀者來說，理解上往往產生困擾，所以也有負面的效果。


# 第19課

１．日常生活の中で言葉の変化を感じた経験について、話し合ってみよう。

　近年日本語で「～しかない」という言い回しが多用されるようになっている印象を受ける。例えば非常に感謝しているということを表現するために、「感謝しかない」というような言い方をすることが多い。「～しかない」という表現自体は勿論昔からあるものだが、最近はこれが文法化し、単なる強調の意味で用いるようになってきているものと考えられる。これに対して違和感を覚えた時に、自分が周囲の言語変化について行けていないと感じた。

　　以日語來說，我覺得近年來越來越多人喜歡用「～しかない」。例如非常感謝的時候，常有人說「感謝しかない」（只有感謝）。「～しかない」這個用法早就有了，但最近用於強調的用法增加了，似乎變成一種新的文法。我對此感到不習慣，也感到跟不上周圍語言變化的腳步。

２．本文で紹介された「方言周圈論」のように、時間に伴う言語の変化が地域毎の差として残ってい

る例が他にもないか、考えてみよう。

　古漢語において、「走」という字が表していた語は元々「走る」の意味だったが、北京官話に基づいた現代中国語（zǒu）では、「歩く」の意味に変化している。一方で台湾（閩南）語（tsáu）では意味の変化が起こらずいまだに「走る」の意味で用いられている。

　　「走」這個漢字在古漢語中，本來是「跑」的意思，但以北京官話為基礎的現代中文卻產生了變化，變成「走」的意思。台灣閩南語的「走」（tsáu）至今仍未產生變化，依然是「跑」的意思。

## 第20課

1．本文で紹介された簡体字と繁体字の中国語訳を見て、それぞれどのような印象を受けるか話し合ってみよう。

　簡体字の中国語はより直訳に近い、もしくは平明で口語的なのに対して、繁体字の方が意訳や訳者の創意工夫が見られ、また四字熟語や押韻といった文語的表現が多い印象を受ける。これが訳者の個人的嗜好によるものなのか、中国と台湾の中国語の違いと呼び得るものなのかが気になるが、この点に関しては更なる調査分析が必要である。

　　我的印象是，簡體中文的翻譯接近直譯，而且是淺顯易懂的口語；繁體中文則是意譯，帶有譯者的創意，並包含四字成語及押韻等書面語的特徵。不知這是譯者個人的偏好，還是中國和台灣之間的差異，這一點有必要加以調查分析。

2．街中の標識や説明書きの多言語表示は、どのような原則で行うべきだと思うか、話し合ってみよう。本文で紹介された台湾と中国の中国語をどう扱うかという問題の他に、例えば駅等で見られる「出口」といった日本語と漢字が共通する語にも、中国語を標示することは必要だろうか。

　主に誰に向けて表示したいか、を重視すべきなのではないだろうか。もしその地域を訪れる観光客に台湾人が多いならば、台湾人が読み易い繁体字の中国語を表示することは必要だと思われる。その点から言えば中国語圏出身者にとって、「出口」の表示は確かに日本語の漢字だけで十分とも言えるが、中国語表示を省略可能かどうかを文言毎に一つ一つ判断するのは、実務面から見れば逆に非効率的である可能性もあるだろう。

　　我認為這取決於看的人是誰，如果造訪當地的觀光客中，台灣人較多的話，就有必要採用台灣人熟悉的繁體中文。至於「出口」的標示，對於中國語文化圈的人來說，日文的標示就足夠了，但中文標示是否有省略的必要呢？我認為每次都必須逐一檢視的話，就實務面來看，可能反而沒有效率。

## 第21課

1．図1にある漢字とローマ字の交ぜ書きを見て、どのような印象を持つだろうか。

　ローマ字の方が割合としては少ないので、確かにローマ字の部分だけが浮いていて、そこだけ外国語が交じっているようにも見えるが、最近は日本語の文章の中にも英単語が交ざって書かれる例もあるので、そう考えるとそれほど違和感はないように思える。

　　漢羅台語中的羅馬字比例較少，所以羅馬字顯得很突兀，看起來像是摻雜外文的文章。不過，近年來，日語文章裡也出現英文單字夾雜其中，想到這裡，就覺得漢羅的混合書寫也不怎麼奇怪了。

2．日本語の例も念頭に、異なる文字を混用することの長所や短所について考えてみよう。

　表意（表語）文字と表音文字を混用することによって、互いに補完し合える点は長所と言えるだろう。例えば漢字は同音異義語を区別でき、少ない字数で意味を伝えるのに長けているが、擬音語や外来語等は誰かが漢字を定めないと書くことができないため、仮名やローマ字がその欠点を補うことができる。一方で日本語のように、どこまでを漢字で書いてどこまでを仮名で書くかに個人差がある場合、例えば文章やデータベースから単語を検索する際に、複数の候補を想定しなければならなくなる

等の短所もあると考えられる。

表意（表語）文字和表音文字的混用，有彼此截長補短的好處。例如漢字的優點是可以辨識同音詞，並以很少的字數傳達意義。而擬聲詞或外來語如果沒人決定用哪個漢字就無法書寫，此時，假名或羅馬字就可以彌補這項漢字的缺點。不過日文書寫時，哪些部分用漢字，哪些部分用假名，有時會因人而異，所以從文章或資料庫檢索單詞時，必須先假設幾個可能性，否則不易檢索，這是文字混用的缺點。

## 第 22 課

1．日本（又は自国）の言語景観の中にも人目を引いたり印象を残すために、言葉を使った工夫がなされている例はないか、探して話し合ってみよう。

　本文にある台湾語の例と同じように、掛詞や駄洒落を用いた広告や宣伝文句は日本語にも数多くあり、それによって見た人の印象に残る効果を狙っていると言える。例えば、「～しませんか」に掛けた「～しま専科」というキャッチコピー等がよく見られる。

　　日語和課文中台語的例子相同，也常將雙關語或詼諧的俏皮話用在廣告或文宣上，目的在於使人留下深刻的印象。例如把「～しませんか」（你不要嗎？）稍做變化，變成「～しま専科」（～專家），這類的廣告詞很常見。

2．台湾と日本（又は自国）の言語景観を比較して見ると、どんな違いがあるだろうか。

　台湾の言語景観では注音符号やローマ字も用いられるが、全体として用いられる文字は漢字が圧倒的に多い印象を受ける。それに対して日本では、日本語が元々漢字と仮名を用いることもあり、目にする文字の種類がより多彩である。特に戦後は、カタカナやローマ字を用いた外国語風の、或いは外国語そのものを表記した言語景観が目立つ点が、台湾とは異なる特徴なのではないだろうか。

　　印象中，台灣的語言景觀也用注音符號和羅馬字，但整體而言還是漢字偏多。與此相較，日本因為從以前就一直使用漢字和假名，所以日語的文字種類比較多元，特別是戰後，使用片假名、羅馬字等外國色彩或是外來語言的景觀非常醒目，我想這大概是和台灣不同的特徵吧。

## 第 23 課

1．テレビ番組や映画、動画等の字幕について、主観的な好き嫌いから客観的な長所短所まで交えて話し合ってみよう。

　映画に関して字幕版と吹替版を比較すると、字幕版では俳優の生の声を演技の一部として味わうことができるという長所がある一方で、注意力が映像と字幕に分散されるため、映像に集中したい場合は吹替版の方が優れているとも言える。

　　電影有字幕版和配音版，比較兩者的優缺點，可以發現字幕版的優點是可以直接聽到演員的聲音，而聲音也是演技的一部分，但注意力卻因影像和字幕相互干擾而無法集中，如果想集中精神欣賞影像的話，配音版可以說是相當理想的。

2．最近は地上波のテレビの他にも様々な映像視聴メディアがあり、多言語による音声や字幕の機能が付いているものもある。もしそういった機能を使った経験があれば、感想について話してみよう。

　私も家に人が多く居る時等に、テレビの音が聞こえづらく字幕機能を使うことがあり、日本のテレビ番組でも字幕が理解の助けになることはあると思う。ただし全ての発話を文字に起こす場合、日本語は中国語と比べ文字数が多いため、一つの台詞が一行に収まりきらず、画面とずれが生じることがあり、字幕との相性は言語によって異なる可能性もあるだろう。

　　我和家人一起看電視，人多吵雜、聽不清楚時，也曾使用過字幕的功能，日本的電視節目配上字幕也是可以幫助理解的，但是和中文相比較，日語的字幕因為字數較多，有時一句台詞的字數無法控制在一行以內，這時就會和影像產生時間差，不同語言和字幕的兼容性也有所不同。

## 第24課

1. 言語が階層化していることを示す身近な例を挙げ、その背景について考えてみよう。

　日本語の中で言えば、標準語は公の場や初対面の会話を含めあらゆる場面で用いられるが、方言は基本的に私的な場面、親しい人との間でしか用いられないという点で、中国語／台湾語と同様の階層化があると言える。ただし、諸方言の中でも大阪弁はより認知度が高く、使用領域も他の方言と比べて広い傾向があり、これはメディアにおける露出を通じて、威信を獲得したことが背景にあると考えられる。

　以日語為例，標準語的使用包含公開場合或初次見面時，而方言基本上用於私人的場合或比較熟的親友之間，這個現象可以說類似中文／台語的階級化。只是，日本各地的方言中，大阪腔又比其他方言較為人所知，使用範圍也來得廣，其原因可能是經常出現在媒體，因而取得語言的威信。

2. 日本（又は自国）でシンガポールと同様に複数の公用語を定めて、バイリンガル教育を実施することについてどう思うか、話し合ってみよう。

　日本において英語公用語化は、主に国民の英語能力向上と、国際化の観点から主張されることが多い。しかし本文で述べられているように、世界的に見て日本語よりも優位に立つ英語とのバイリンガル政策を進めることは、ややもすれば日本語の使用領域を大きく狭める可能性がある点にも、留意する必要があるだろう。

　在日本，不少人認為把英語列為官方語言將有助於提升國民的英語能力及國際化。但是也如課文所說的，以世界性的角度來看，英語的優勢地位高過日語，如果推動雙語政策，稍一不慎，將大幅縮減日語使用的空間，因此不得不小心謹慎。

## 第25課

1. 本文の最後にあるように、多くの日本人が自分の話す言語を「日本語」と呼ぶことに疑問を持たないのは何故だろうか。また、そこに疑問が生じるとしたらどんな場面だろうか。

　国内に日本語以外の言語の話者が少ないことと、教育等の社会制度も基本的には日本語だけで成り立っているために、意識することが少ないからだと思う。近年英語や移民の言語に対する関心は高まってきているが、それらも「外国語」という枠組みで扱われることが多い。アイヌ語や琉球諸語といった、国内に元々存在する少数言語に目を向ける時、初めて「日本語」とは何かについて考えることになるのではないだろうか。

　因為日本國內除了日語以外，其他語言的使用者較少，加上教育面等社會制度基本上也都是以日語為主，因此對這方面的問題比較不敏感。近年來雖然開始關注英語或移民者的語言，不過這些問題大多被置於外國語的框架中處理。我想只有當目光轉向愛奴語或琉球諸語等國內少數語言時，日本人才會開始意識到「何謂日語」的問題吧。

2. 日本（又は自国）で、言語に関して異なる主張がぶつかるような問題には、どんなものがあるだろうか。

　1. で述べたように、日本では従来言語問題に対する人々の関心が相対的に低かったと言えるが、近年議論になっているものとして、英語公用語化の議論が挙げられる。「言語」や「公用語」をどのように考えるかによって、賛否両論が存在する。

　就如1. 所提到的，日本社會對語言問題的關心程度相對偏低，近年來，英語是否列為官方語言是比較常見的討論議題。關於這一點，如何看待語言或官方語言的問題，往往因人而異，因此贊成與反對的意見都有。

# 第 26 課

1. 日本語（又は自国の言語）の中で、「台式日語」のように原語と異なる意味や用法を持つ借用語（外来語）を挙げ、その違いが生まれた背景について考えてみよう。

　日本語には実際の英語とは異なる形の「和製英語」が数多く存在し、例えば「テレビゲーム」（英語では video game）や「ミシン」（同 sewing machine）等が挙げられる。この 2 つの例から見ると、前者は別々に定着した「テレビ」（television）と「ゲーム」（game）という外来語を日本語が独自に組み合わせたもの、後者は「sewing machine」という語の後半部分だけが取り入れられて音が訛ったものと考えられる。

　　日語中有不少「和製英語」，有些語彙已經脫離原型了。例如「テレビゲーム」（英語是 video game）或「ミシン」（英語是 sewing machine）。前者是將原本來自英語的兩個外來語「電視」和「遊戲」合併在一起，然後發展成為一個日語新詞，後者則是只取英語後半部的訛音而成的詞彙。

2. 日本語やその他多くの言語では、現在英語からの借用語が増える傾向にある。この現象と、本文で紹介された台湾語における日本語からの借用語とは、どこが同じでどこが異なるだろうか。

　どちらも新しい事物の名前を表すため、或いはより今風な雰囲気を出すために取り入れられていると考えられる点では似ていると言えるが、台湾語に日本語が借用された背景に植民地という政治的状況があったのに対し、現在の日本をはじめとする多くの国は英語圏の国家に直接的に支配されているわけではない点が異なる。政治的支配関係がないとしても、英語圏が経済的・文化的に優位に立っていることが、現代における借用の要因の一つではないだろうか。

　　無論是哪一種借詞，其目的都很類似，大多是為了表示新的事物或是展現時代潮流。不同的是，台語出現日語借詞的背景在於殖民統治的政治因素，日本等不少國家借用英語的起因卻非受到英語系國家的統治。不過，即使不是政治性的支配統治，英語在文化經濟地位的絕對優勢，是現代社會出現英語借詞的原因之一。


# 第 27 課

1. 表 1 の①～④の語は、それぞれどのような理由や背景から借用されたと考えられるだろうか。

　①は近代になって西洋から入って来た抽象的な概念に関する用語が多く、近代文明を摂取する過程で日本語から中国語と台湾語に輸入されたものと考えられる。一方で②～④は、より日常的で具体的な事物を表す言葉が多く、植民統治下の台湾で生活の中に日本語が浸透する過程で、取り入れられたのではないだろうか。その中でも④は、日本語でも元々西洋語から借用した外来語であり、近代的かつ日常的なものが多い印象を受ける。

　　①大多是近代以降來自西方抽象概念的詞彙，在吸取現代文明的過程中，經由日語被中文及台語所吸收的。②～④的部分，則多是日常生活的用語，推測是殖民地時期台灣人的日常生活受到日語影響所出現的詞彙。其中④是日語受到西方影響所借用的外來語，所以大多兼具近代化及生活化的印象。

2. 日本語にも多くの借用語があるが、借用され易い語彙の特徴や、元々あった語との関係等について考えてみよう。

　元々その地域に存在しなかった新しい事物を表す語彙が借用され易いのは勿論のこと、微妙に異なる語感を表したり、より清新で瀟洒なイメージを付与したい場合には、元々同じような意味の言葉があっても借用が起きることがある。特に日本語はそうした傾向が顕著であり、「速さ／速度／スピード」のように、ほぼ同じ意味でニュアンスだけが異なる語彙が並存していくこともあれば、「商い／商売／ビジネス」のように、借用語が優勢になり固有語の使用が減っていく場合もある。

　　不存在可以使用的詞彙，所以借用其他語言，這種現象最容易出現借詞。但只因為語感不同，或是為了達到新式、流行的效果而使用借詞的情形也不少，日語中這種傾向很明顯。舉例來說，「速さ／速

度／スピード」（速度）三者詞意基本上是一樣的，僅語感用法略有不同，但一直並存使用。「商い／商売／ビジネス」（商業）的例子，則顯示出外來借詞的優勢，所以新詞逐漸取代了原有的詞彙。

## 第28課

1. 本文で紹介されたもの以外に、日本語由来と思われる中国語の単語を挙げ、それがいつの時代の借用か考えてみよう。

恐らく近年の借用と思われるものとして、ゴシップ記事等で見られる「不倫」が挙げられる。また「取消」も、「取り消す」という和語が漢字を通して借用されたものと考えられるが、これは使用範囲の広い一般的な意味の語であり、いつの時代の借用語であるかは詳しく検証する必要がありそうである。

例如八卦新聞所出現的「不倫」，這類詞彙應該是近年來才出現的日語借詞。而「取消」可能是借用傳統日語「取り消す」中的漢字部分，不過這個詞使用範圍非常廣而且詞意很一般，所以要想知道是什麼時代的借詞，必須仔細考證。

2. 近年日本語にも台湾華語からの借用語が生まれつつあるが、思いつくものはあるだろうか。それらの借用語に見られる特徴についても考えてみよう。

近年の台湾文化、特に食文化の流行に伴って、飲食物の名前等が流入してきている。例えば代表的なものとして「魯肉飯」があるが、こうした語は「ルーローハン」のように、漢字の読みが台湾華語、或いは台湾華語（ルーロー）と日本語（ハン）の混合である点が特徴的である。

近年來，隨著台灣文化（特別是飲食文化）受歡迎的影響，食品名稱的借詞也跟著出現。例如比較具代表性的有「滷肉飯」，日語譯為「ルーローハン」，這類詞彙的特徵是漢字部分採華語讀音，或是採台灣華語（ルーロー）和日語（ハン）的混合發音。

## 第29課

1. 宜蘭クレオール語を生んだ日本語とタイヤル語の「接触」とは、具体的にどのようなものであったか考えてみよう。

タイヤル語を母語とする人が学校教育で日本語を学んだり、町に出てタイヤル族以外の人と日本語で会話したりする中で日本語を身に付けたものと考えられる。すると、タイヤル族の村や家庭の中で話す時にも徐々に日本語の要素が使われるようになり、クレオール語が形成されていったのではないだろうか。

泰雅母語者在學校學習日語，離開部落時，與其他部落或族群的人用日語交談，這是他們學會日語的原因。如此一來，他們在泰雅族部落或家庭中談話時，也受到日語的影響，而逐漸發展成克里奧語。

2. 本文で紹介された宜蘭クレオール語から受ける印象を話し合い、それを話す人々の苦悩の理由について考えてみよう。

日本語母語話者から見ると、部分的に意味が分かる所もありながら、全体としては理解できないため、ややもすると中途半端な印象を受けるかもしれない。まさにそのために、日本語母語話者とタイヤル語母語話者の双方から「出来損ないの言語」というような烙印を押されることが、宜蘭クレオール語母語話者の苦悩に繋がっているのではないだろうか。

從日語母語者的角度來看，一部分的內容可以理解，但整體內容無法理解，所以常有一種不完整的感覺。也因為如此，無論是從日語的角度來看，或是從泰雅語的角度來看，都被誤以為是一種進化不完全的語言。我想這也就是以宜蘭克里奧語為母語的人的煩惱吧！

## 第30課

1．台湾と比べ、日本で移民の言語を含む多言語教育が進まない原因は何だろうか。

　台湾の場合には、以前から本土言語教育が実施されており、それが新住民言語教育を導入する下地となった側面がある。一方日本では、教育やその他の公的制度が日本語（標準語）のみによって成り立ってきた歴史が長く、国内の少数言語（アイヌ語や琉球諸語等）に対する関心が薄かったことが、移民言語に対する反応が鈍い原因の一つなのではないだろうか。

　台灣曾經推動過台灣本土語言教育，這個基礎促使新住民語言教育的實施更為容易。而日本在教育面或其他面向的社會制度，長期以來都只使用日語（標準語），對國內其他的少數語言（愛奴話或琉球語言等）缺少關心，這也是日本人對移民者語言的反應不夠敏銳的原因之一。

2．台湾では移民のことを「新住民」と称しているが、この呼び方に込められた意味について考えてみよう。日本（又は自国）の移民政策や移民に対する考え方と比較して、どのような違いがあるだろうか。

　「移民」と比べ「新住民」という用語からは、対象となる人々を国の一員として積極的に包摂しようとしている印象を受ける。日本では「移民」という言葉すら公式にはあまり使われず、「外国人労働者」等と呼ばれることが多い。「台湾人とは何か」というナショナル・アイデンティティに関する問いが重要な問題として議論されてきた歴史を持つ台湾と、「日本人とは何か」について考える機会の少なかった日本の差が、こうした違いの背景にあるのではないだろうか。

　和「移民」一詞相比較，我覺得「新住民」一詞對外來移民者的包容度更高。日本一般政府機關並不常用「移民」，比較常見的是「外国人労働者」。與台灣相比較，在台灣，討論國族主義時，「何謂台灣人」是一個重要的議題，日本人則很少有機會去思考「何謂日本人」的問題，兩者之間的差異，應該就是和歷史背景有關吧！

Osaka University Press